区块链技术与应用丛书

区块链与民生服务

刁生富　吴选红　冯桂锋　刁宏宇　著

电子工业出版社.

Publishing House of Electronics Industry

北京 · BEIJING

图书在版编目（CIP）数据

区块链与民生服务/刁生富等著. —北京：电子工业出版社，2022.1

（区块链技术与应用丛书）

ISBN 978-7-121-42343-7

Ⅰ. ①区…　Ⅱ. ①刁…　Ⅲ. ①区块链技术－应用－社会保障－研究－中国

Ⅳ. ①D632.1-39

中国版本图书馆 CIP 数据核字（2021）第 229015 号

责任编辑：米俊萍

印　　刷：三河市鑫金马印装有限公司

装　　订：三河市鑫金马印装有限公司

出版发行：电子工业出版社

　　　　　北京市海淀区万寿路 173 信箱　　邮编：100036

开　　本：720×1 000　1/16　印张：12.75　字数：204 千字

版　　次：2022 年 1 月第 1 版

印　　次：2022 年 1 月第 1 次印刷

定　　价：89.00 元

凡所购买电子工业出版社图书有缺损问题，请向购买书店调换。若书店售缺，请与本社发行部联系，联系及邮购电话：（010）88254888，88258888。

质量投诉请发邮件至 zlts@phei.com.cn，盗版侵权举报请发邮件至 dbqq@phei.com.cn。

本书咨询联系方式：（010）88254759，mijp@phei.com.cn。

前言

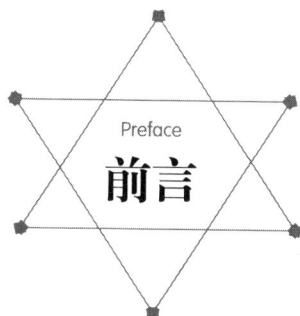

2008 年金融危机之后，区块链技术在中本聪（Satoshi Nakamoto）等人的努力下得以问世。从其发展背景来看，区块链技术的诞生并不是偶然的，金融危机后金融业的崩塌、互联网的普及、信任关系的缺失，以及诸如非对称加密、智能合约和 P2P 网络技术的发展成熟等因素，都成为区块链技术诞生的"催产素"。随着区块链技术的不断发展，它从比特币中脱离出来，作为一项相对独立的技术出现在人们的视野中，也逐渐改变了政府、企业和社会公众对它的"曲解"，开始显示出巨大的技术力量。

从区块链的构成要素及其技术架构来看，其所蕴含的技术力量主要呈现为以技术的方式弥补和增强了人们之间的信任，并借助共识机制和加密算法创造了一个最广泛且可靠的合作机制与网络环境。区块链技术在诞生之时依附于互联网，但随着区块链技术的力量逐渐向四周扩散，原本作为"催产素"之一的互联网也得到了它的"馈赠"。区块链以链式数据结构的形式，辅以非对称加密存储的方式，把散乱分布于互联网空间的价值信息进行串联，改变了整个互联网的发展格局，促进了"信息互联网"向"智能互联网"和"价值互联网"的转变，给当下的民生领域带来了巨大的变革，日益受到社会各界的广泛关注。

无论是从区块链技术的优势，还是从国家的政策规划来看，区块链技术与民生领域的融合都已经成为不可阻挡的趋势。因此，本书从区块链在民生服务领域的应用维度进行"立意"，对促进区块链技术的发展及其与民生服务领域的融合具有重要意义。

本书主要围绕区块链在民生服务中的应用展开，在简要阐释区块链的概念、特征、发展过程与应用价值的基础上，集中探讨了其在医疗、教育、食品安全、公共安全、养老服务、社会公益、精准扶贫、政务服务、数字身份、隐私保护和社会信用等具体民生领域的应用价值、成功案例、现存问题、应对策略和未来方向。

在探讨的过程中，本书逐渐还原区块链技术的本质与民生需求的本质：在一个"一切都被智能化"的时代，人与人之间、人与物之间的连接需要通过区块链技术实现彼此的信任，从而建立一个彼此"熟悉"的社会，使人们的生活水平在区块链技术的支撑下得以显著提高。区块链技术在民生领域的根本价值在于：将人们生活的权利归还给他们，从而形成一个"以人民为中心"的民生服务体系，每个人都是区块链服务网络中的一个节点。

在区块链技术的支撑下，社会的发展成果由人们共同参与而得来，最终在"点对点传输"机制的作用下，每个人都成为发展成果的受益者；在共识机制的作用下，每个人都享有使用发展成果的权利。

总体来说，本书反映了区块链在民生领域的极大变革力量，但这种力量仅仅是区块链本身力量的一种表现，它所具备的整个力量体系，是由技术信任带来的整个民生领域的和谐与发展，最终助力人们向"美好生活"迈进一大步。

本书在写作过程中参考了大量国内外文献，在此特向有关研究者和作者致以最真诚的感谢。电子工业出版社编辑米俊萍为本书的出版付出了大量心血，在此一并致谢。对书中存在的不足，敬请读者批评指正。

习生富

2020 年 7 月 18 日

Contents
目录

区块链作为智能时代的一种标志性技术，正在被越来越多的人关注，但人们对区块链的认知大多还停留在现象层面。从区块链的内涵中见特征、见本质，回顾其短暂而激动人心的发展简史，将更有利于人们进一步地认识区块链、掌握区块链、拥抱区块链，从而促进区块链与民生领域的融合，为满足人们日益增长的美好生活需要提供"链上保障"。

区块链可缓解医疗的资源短缺、数据丢失、数据无法共享、就医信任危机、医药产品防伪溯源难等痛点，解决看病难、看病贵、看病不安全等现实问题，让老百姓在医疗上享受更及时、更优质的服务。

第九章 **隐私保护：区块链保护你"不能说的秘密"** **//147**

互联网存在固有的缺陷，它更关心信息的表达内容，而不关心信息的所有权。在互联网时代，"隐私裸奔"成为令公众头疼的问题，而这些信息尤其是隐私信息本身有着较大的价值属性，如何保证这些价值数据的安全传递呢？区块链的诞生为保护"不能说的秘密"带来了曙光。

第十章 **区块链政务：效率的提高与知情权的满足** **//163**

区块链政务可以促使政府借助区块链的去中心化、分布式记账、身份认证、数据加密和数据不可篡改等特征，确保政务信息可信任、可追溯，让政务服务参与主体共同建设、共同维护、共同监督，满足公众的知情权、监督权，在打造高效、阳光、服务型政府方面具有光明前景。

第一章

技术福祉：在解读区块链中见民生

区块链作为智能时代的一种标志性技术，正在被越来越多的人关注，但人们对区块链的认知大多还停留在现象层面。从区块链的内涵中见特征、见本质，回顾其短暂而激动人心的发展简史，将更有利于人们进一步地认识区块链、掌握区块链、拥抱区块链，从而促进区块链与民生领域的融合，为满足人们日益增长的美好生活需要提供"链上保障"。

　　作为智能时代的一种标志性技术，区块链不仅有利于推动实体经济的发展，还非常有利于改善包括教育、就业、养老、医疗、食品安全、公益慈善、社会救助等在内的民生服务领域。如何将区块链技术应用于具体的民生服务，为老百姓增添现实福祉，是一个需要高度重视的课题。为此，有必要首先解读区块链的概念、类型、技术架构、本质、特征及其发展历史，在对区块链技术有一个总体把握的前提下，进一步挖掘区块链技术的民生福祉与现实价值，以期为其在民生服务领域的应用带来新的机遇。

一、技术解读：区块链的概念、类型与技术架构

（一）区块链的概念

　　关于区块链的概念界定，目前可谓"仁者见仁，智者见智"，但无论是专家智库、学院派还是企业界，其界定基本都围绕工业和信息化部在2016 年指导发布的《中国区块链技术和应用发展白皮书（2016）》（以下简

称《白皮书》）中提出的区块链概念而展开，或者说没有脱离此次概念界定的核心思想。《白皮书》指出，从广义来讲，区块链技术是利用块链式数据结构来验证与存储数据、利用分布式节点共识算法来生成和更新数据、利用密码学的方式来保证数据传输和访问的安全、利用由自动化脚本代码组成的智能合约来编程和操作数据的一种全新的分布式基础架构与计算范式。而从狭义来讲，区块链是一种按照时间顺序将数据区块以顺序相连的方式组合成的一种链式数据结构，并且是以密码学方式保证的不可篡改和不可伪造的分布式账本。

从区块链的概念界定来看，我们应该如何理解其内涵？从广义层面来看，区块链本身是一种链状数据结构，在特定的情形下可以理解为环环相扣的链子，但与现实中的链子不同的是，如果你要改动它其中的任意一个链环（数据区块），那么就意味着需要同时改动整条链子。当然，这种改动是非常困难的，因为对于这种以块链式的数据结构存储的数据区块，前一个区块与后一个区块之间以包含 256 位随机数的哈希值作为连接方式，任何数据的输入与输出都需要相应的密码验证，而且相较于其他加密技术系统，它采用的是非对称加密的方式，数据的存储与访问都将牵涉公钥和私钥。在数据区块累积到一定的长度之后，要想对它进行篡改和窃取，在理论上是很难实现的。这也说明该数据系统具有极高的安全性和可靠性。

值得一提的是，区块链的分布式数据系统具有极高的开放性，尤其是公有链。由于公有链的整个数据系统具有开源特征，几乎每个稍微懂一点儿区块链常识的人，都能够利用系统平台提供的自动化脚本代码和智能合约建立一个全新的合约规则，就像人们使用微信、抖音与微博这般简单。而在这个规则体系中的任何人都是以技术自动执行合约的忠实信奉者，或者是被信奉者，一旦智能合约被建立起来，就会在相应的触发机制下自动执行约定的奖励或惩罚，将智能合约所约定的内容变为现实。这应该就是人们习惯将区块链称为"创造信任的机器"的缘由。

如果从狭义的维度来理解区块链的概念，则可以简单地将各数据区块解释为一个个独立的账本，而且每个账本是完全公开的，自其产生之时就已经向全网广播，接收到广播的所有系统参与者都将自动备份该账本数据。既然已经全网广播且被众人备份，那么该账本自然就无法再被某个人篡改。当下公众所理解的区块链，大多就是从这个角度认知的。

举一个简单的例子，区块链系统中的每个数据区块（账本），都是全体成员在某 10 分钟之内的聊天记录，在聊天之后这些数据都将被保存到所有群成员的手机客户端，并且每个聊天数据区块（账本）都已经被打上时间戳。某个独立的个体输出的数据，自然就会成为全体成员的共识，一旦该个体想变卦，就会遭到集体的对抗与质疑。如此看来，可从狭义的维度将区块链技术理解成不同时间戳条件下的公共数据账本，这个账本的存在本身已成为所有系统参与者的共识（共识机制），加之以密码学的方式进行加密、存储与备份，人们在这个分布式账本环境下的所有言行只能是"一口唾沫一颗钉"，真正实现了"言行合一"。

（二）区块链的类型

目前来看，根据参与方来分类，区块链主要包括公有链、联盟链、私有链三种基本类型（见表 1-1）；根据区块链与区块链之间的关系来分类，区块链主要包括主链与侧链两种类型。

表 1-1　区块链的三种类型对比

区块链类型	具体属性
公有链	公有链（Public Blockchain），是公有区块链的简称，它是世界上最早的区块链。在公有链中，任何组织、单位及个人，都可以随时参与其中并进行交易和记账，且都能得到有效的确认，它对于所有参与者都是平等的。换言之，在所有区块链类型中，公有链被认为是"完全去中心化"的区块链。公有链主要借助密码学与经济学激励（挖矿机制）的方式，在保证系统安全、账本不被篡改的情况下，在完全陌生的环境中自主建立基于智能合约的算法信用体系，极大程度地调动了各参与者的积极性和主动性

区块链类型	具体属性
联盟链	联盟链（Consortium Blockchain），是指由某个行业或财团的若干机构或群体所指定的区块链，它自身存在的不同节点对应不同的机构或企业组织，而这些不同的节点数据最终的管理权不一定落到每个具体的参与者手中，而是以预选的方式指定相应的记账人，其余的网络节点虽然参与交易但不过问记账的过程，所以该区块链是"部分去中心化"的区块链。R3 区块链联盟、超级账本（Hyperledger）项目、中国分布式总账基础协议联盟（China Ledger 联盟）、中国区块链研究联盟（CBRA）、金融区块链合作联盟等都是联盟链的典型代表
私有链	私有链（Private Blockchain），是指记账权限仅归于某个独立的组织、单位或个人的区块链，其独享该区块链的账本写入权限，其他组织、单位或个人无法参与其中。而且每个参与的网络节点都是可管可控的，因而私有链相较于公有链和联盟链而言，具有交易速度更快、交易成本更低、交易数据更安全等优势。私有链的应用场景一般是企业和政府，如用于企业的数据库管理、政府的决策预算平台等。从目前区块链的发展态势来看，以企业和政府为主要应用主体的私有链数量开始呈现剧增的趋势

从总的覆盖范围来看，公有链、联盟链和私有链分别对应价值互联网（智能互联网）、广域网和局域网。公有链的覆盖范围最广，是一种全球性、开放性与多元性的区块链类型，适用于价值互联网；而联盟链如 Hyperledger R3 等，主要适用于广域网，这与跨区域和多类型的参与主体直接相关，如果将之直接限定在某个特定的狭窄范围，它就会丧失联盟链的优势；私有链主要适用于局域网，如区块链校园、区块链公司等。

从表 1-1 可以看出，联盟链和私有链的加入及退出，都与公有链存在极大的差别，它们都需要经过特定的授权程序，而公有链中的参与者可以自由地加入及退出。因此，联盟链和私有链又被称为许可链（Permissioned Blockchain）。凡是成为区块链网络节点的组织、单位和个人，都要依赖于特定的授权机制的许可；而那些未能得到许可、认证与授权的组织、单位和个人，并不具备加入该区块链系统的权限，也就不可能成为其网络节点之一了。

从区块链与区块链之间的关系来看，主链（Main Chain）与侧链（Side

Chain）具有不同的属性。主链，有时又被称为母链，是指独立正式上线的区块链网络，能够得到区块链各网络节点的信任和支持，其账本和交易数据能够得到全体参与者的认可。

侧链是在 2013 年 12 月从比特币社区演化出来的概念，它的出现主要是为了解决区块链技术中存在的局限性问题，带有非常强烈的技术使命，但它自身缺乏独立性，需要依傍主链，并且是以严格遵循相关侧链协议而存在的。侧链是相较于主链而言的，它自身不是一个完整的区块链，而是一种可以在两区块链之间进行移动的协议和机制，它的使命就是保证相关的数据资产能够在两条或多条区块链之间进行移动和转换，进而降低主链的运行压力。

侧链的一大便利之处就是，如果区块链的各网络节点中出现 Bug（问题、缺陷），人们就可以借助侧链对其进行修正，此做法能够保证在主链不停止运行且不受影响的前提下对主链进行完善。只要符合侧链协议，所有现存的区块链都可以成为侧链。

因此，从主链与侧链之间的关系来看，区块链侧链可巩固主链的地位，以及对主链进行补充，它在促进主链良性运行的同时，还拉近了不同区块链的主链之间的关系。在区块链侧链的支持下，主链将赢得更广阔的发展空间。只要是以"主链+侧链"模式运行的区块链，都能同时保证不同区块链核心网络之间的货币等价交换。

因此，在区块链主链上嵌入侧链，意味着该区块链的所有用户都能灵活管控自己的数据资产，还能将这些数据资产用于访问新的区块链系统。但是，如果只有主链没有侧链，区块链主链的用户将会被禁锢在其中，活动范围非常有限，就像用户在某娱乐场所购买了游戏币，这些游戏币只能用于该娱乐场所相关娱乐设施的支出，超出该娱乐场所便不再生效。

换言之，如果只有区块链主链，用户将被限定在非常狭窄的空间，所受的限制非常大。而借助侧链技术，能够实现仅凭主链不能实现的相关操作，实现基于主链与侧链的双向锚定、多向传输与全网共识协议。因此，侧链技术为区块链的发展与普及立下了汗马功劳。

（三）区块链的技术架构

通过对区块链的概念与类型进行分析，想必大家对区块链技术已经有了比较宏观的了解。那么，区块链的具体技术架构又包括哪些要素呢？已有研究显示，区块链的技术架构大致可概括为六层，分别是数据层、网络层、共识层、激励层、合约层和应用层，如图 1-1 所示，它们的对比如表 1-2 所示。

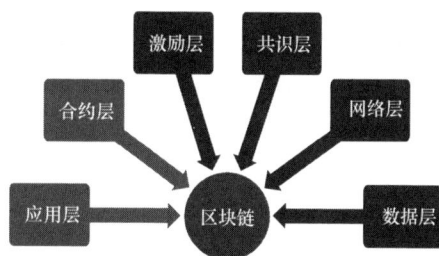

图 1-1 区块链技术架构

表 1-2 区块链技术层级对比

区块链技术层级	性质、特征与功能简述
应用层	区块链赋能 多种应用场景 带动赋能领域革命
合约层	以太坊 智能合约 可自由编程 "触发式自动执行命令"机制
激励层	分配机制 发行机制 劳有所得，多劳多得 常用于公有链
共识层	所有人都认同该区块链的规则 分布式系统的各部分一致 各类"证明"（DPOS、POW……）

（续表）

区块链技术层级	性质、特征与功能简述
网络层	点对点网络 网络节点平等 去中心化，每个网络节点都是一个中心
数据层	区块链数据 链式结构 非对称加密，不可篡改 是一个数据库 链上与链下数据相结合

（1）数据层。区块链的数据层是区块链技术中最核心的层级，主要具备数据输入、数据存储、数据交易等功能，且具有不可篡改、所有数据全网备份、记录的各网络节点数据一律平等、数据存储以 Merkle 树为依托呈现链式结构等特征。从本质上来说，区块链的数据层就是一个数据库。

（2）网络层。区块链的网络层在本质上是一个点对点（P2P）网络系统，这个网络系统体现了区块链技术去中心化的特征，每个节点都是一种公认的中心，且与其他网络节点在权限、资格与身份等方面完全平等。每个节点与其他节点的链接与互动，以及资源、服务等的往来都不需要围绕某个中心进行，而是直接点对点实现。

（3）共识层。在区块链的共识层，整个区块链网络系统的所有节点都遵循相同的规则与活动秩序，所有用户都一致同意和维护该条区块链的总账本。由于得到全网的共识，散列在不同角落的网络节点都将围绕这个总账本开展记账活动，这就促进了该区块链社区的和谐与有序。与此同时，为了使分布式系统的各部分一致，共识层还引进委托权益证明（DPOS）、工作量证明（POW）、权益证明（POS）、实用拜占庭容错算法（PBFT）等共识机制，从而时刻保证区块链记账系统的安全性和可靠性。

（4）激励层。区块链的激励层其实是在共识层的基础上建立的奖励制度，凡是按照共识层的相关要求参与区块链记账与维护的网络节点，都会得到与之贡献相匹配的奖励。这种奖励是自动实现的，不需要人工计算和发放。当然，需要注意的是，激励层多用于公有链，由于公有链缺乏相应的管理员，相关的混乱与无序全都靠这一套激励机制来维护，以达到全网共治的目的。

（5）合约层。相较于数据层、网络层、共识层与激励层，区块链的合约层表现出智能优越性。区块链的合约层一般包括各种脚本、代码、算法机制与智能合约，它保证了区块链技术的可编程性。合约层使全网用户能够轻松签订合约，并且通过技术手段构建了智能合约的"触发式自动执行命令"机制，以智能化的技术保证了全网的高信用环境。

（6）应用层。区块链的应用层是指基于区块链其他层级的技术手段，将区块链技术应用于具体的实际场景，体现区块链技术从概念逻辑、技术构想到落地实施的过程。从目前来看，各种"区块链+"的尝试都是区块链应用层的具体表现。

对区块链概念、类型与技术架构的分析，有助于进一步理解区块链技术的相关基础知识，以便为促进区块链全场景、宽领域、多层次的应用全面爆发做好准备。尤其是区块链技术在民生服务领域的应用直接关系到国计民生，关系到人民幸福生活的现实福祉，因此，全社会都应积极关注"区块链是什么"的问题，以便为今后使用区块链实现民生福祉的最大化奠定基础。

二、技术属性：区块链的本质与特征

（一）区块链的本质

关于区块链的本质，有人认为它是一个去中心化的信任机制，也有人认为它是一种比特币底层基础技术，还有人认为它是一种技术自治组织。但从区块链的概念与类型来看，它的去中心化的属性很显然需要重新考量。众所周知，从参与方的维度进行划分，区块链可分为公有链、联盟链与私有链三种类型。

单就公有链而言，如果我们只关注区块链本身，它自然会被定义成严格意义上的去中心化，但如果我们试着跳出公有链本身的技术场域，以一种更为宏观的视角看待它，就不难发现它的去中心化表现为一种形式上的去中心化，或者是狭义的技术场域的去中心化，因为它的去中心化的本质经不起更为深入的逻辑验证。

与此同时，共同统一于许可链概念之下的联盟链和私有链，特别是联盟链，由于天然具有排斥性和权限限制，它直接晋升为中心化的典型拥护者。至于私有链，其所有权和使用权仅仅归属于某个独立的社会组织及个人的情形，直接表明了私有链的中心化属性——其天然地围绕一个中心运行。

既然去中心化不是其本质，它真正的本质是什么呢？或者说去中心化与区块链技术的关系是什么呢？毋庸置疑的一点是，从整个区块链技术的发展主线来看，它其实是一种集成技术，是现代信息技术、现代密码学、网络管理激励机制的集成，是一门集信息技术、数学、金融学、法学等学科为一体的主要用于解决人与人之间信任问题的科学[1]。与此同时，区块链技术不是从天而降的，而是具有非常显著的"人工"特色。

区块链最开始以比特币底层应用技术的形式现身，但它是一种技术人工集成物，一种真正意义上值得信任的分布式、点对点的操作系统。那么，去中心化的属性自然就成为分布式系统与点对点网络的外在表现形式，它本身不是区块链技术的本质，但它是区块链技术本质的显现，以至于人们将之命名为"本质特征"。只要人们真正理解了它的去中心化的内在含义，就能将区块链技术与其他技术区分开来。

---

1 许金叶，夏凡. 区块链的产生根源及其本质[J]. 会计之友，2017(13): 132-136.

在熟知区块链技术的本质之后，也就能理解区块链技术自身的优势与局限性，我们应该对之保持一种理性的态度。因此，对于区块链，我们既不能将区块链作为一种"全能物"予以崇拜，又不能将区块链视为某种神化了的、无法再被取代的技术人工集成物，更不能将区块链完全污名化与边缘化。对于区块链，正确的态度不是崇拜区块链技术，而是回归区块链的真正本质，将其最大的优势与价值挖掘出来，用以促进实现人类社会的和谐有序，弥补和增强人与人、人与社会之间的信任关系，改变以往陌生人之间的"弱关系"，将其转变为基于区块链技术的熟人与陌生人之间的"强关系"。

届时，整个社会的信用体系也将被颠覆与重塑，这样，所有以信用为基础的领域都将迎来革命。试想一下，有哪个领域不需要信用呢？对于这个问题的实际解答，应该就是解读区块链技术的真正本质的价值和意义之所在。

（二）区块链的特征

当然，区块链的本质需要深度思考后才能获得，而它显在的一般特征或许能进一步辅助人们获得关于其本质的线索。那么，进一步陈述区块链的一般特征就显得非常必要且不可或缺了。区块链一般包括去中心化、去信任、不可篡改和可追溯四大典型特征。

1. 去中心化

区块链的去中心化特征，是相较于其他技术的中心化特征而言的。区块链技术本身是一个分布式数据库，甚至可以说每个网络参与节点都是一个独立自主的数据库。每个节点的参与者自身拥有与其他网络节点相同的权限，这自然也就挑战了传统的权限相对集中的、有些网络节点有权限而绝大多数网络节点没有权限的中心化网络系统。当然，区块链的本质不等同于它的本质特征，因此，对于区块链的去中心化特征，大家应该保持一定的理性，不能将其照搬到区块链技术的所有应用场景中。

2. 去信任

区块链的去信任特征，是去中心化特征的价值延伸。区块链本身不仅是一个去中心化的数据结构，而且在其点对点的数据传输网络上还嵌入了相应的智能合约技术，尤其是在以太坊技术成熟之后，以太坊和智能合约直接保证了区块链的可信任属性。换言之，在区块链系统中，它自带一整套自动执行的算法合约，能够自动将各种去中介化的承诺进行技术化兑现，从而使区块链成为"创造信任的机器"。

3. 不可篡改

区块链的不可篡改特征，源于它是一个密码学意义上的相互嵌套的链式数据结构。不可篡改的特征具体体现为：所有主观上想要修改已经"上链"的数据，都需要把该数据区块之后的全部数据区块都修改一次，或者掌控全网 51%及以上网络节点的话语权。这样做不仅难度非常大，而且会随着网络节点的增加变得越来越难，从而避免了无数主观意愿层面对已存数据的增加、删除与修改。当然，假如已经输入的数据与事实在后期出现完全相反的情形，那么网络节点可以采用增加新区块的方式对之前的错误进行修正与重新说明。

4. 可追溯

区块链的可追溯特征，是从它自身的数据存储结构中体现出来的溯源机制。所有"上链"数据都将被完整地保存下来，并且进行全网备份，即便某个网络节点的数据丢失，也可以从其他网络节点中重新下载并保存。

由于没有一个中心化的权威机构能够对其内容进行控制，加之各个独立的网络节点也无法修改已经"上链"的数据，因此可以保证每个数据区块输入和输出的真实性。对于所有曾经输入过的数据，人们可以循着区块链的链式结构追溯其本源。

三、技术简史：区块链的"前世今生"

要了解区块链技术，就需要回顾区块链技术的发展历史。当前，一个非常值得深思的现象是，只要提到区块链，对它有一定了解的人自然就会在网络中搜索在2008—2009年中本聪（Satoshi Nakamoto）所创建的区块链世界。于是，人们也就自然而然地认为，区块链技术就是从这里开始的。其实则不然，2008—2009年这段时间只能算作区块链技术进入1.0时代的历史时间，而不等同于它就是区块链技术的历史开端。从区块链技术的本质来看，之所以造成这种历史现状，很有可能与它具有技术集成的性质相关。因此，沿着历史的线索回顾，重现区块链技术的"前世今生"就显得尤为必要。区块链技术的发展简史如表1-3所示。

表1-3 区块链技术的发展简史

序号	时间	发生事件
1	1976年	（1）贝利·迪菲（Bailey W. Diffie）、马丁·赫尔曼（Martin E. Hellman）两位密码学大师发表了论文《密码学的新方向》，论文中谈及包括非对称加密、椭圆曲线算法、哈希等系列手段，奠定了迄今为止整个密码学的发展方向，也对区块链的诞生起到了决定性作用； （2）哈耶克（Hayek）公开出版了《货币的非国家化》，奠定了去中心化货币的思想基础

（续表）

序号	时间	发生事件
2	1977 年	RSA 算法诞生。RSA 算法由罗纳德·李维斯特（Ronald L. Rivest）、阿迪·萨莫尔（Adi Shamir）和伦纳德·阿德曼（Leonard M. Adleman）三人共同提出。该算法主要采用非对称加密算法，以公开密钥加密与非公开密钥解密的方式运行
3	1980 年	梅克尔·拉尔夫（Merkle Ralf）提出了 Merkle 树这种数据结构和相应的算法，该算法成为区块链数据层的核心技术之一
4	1982 年	（1）兰波特（Lamport）提出拜占庭将军问题； （2）大卫·乔姆（David Chaum）创建的密码学支付系统 eCash 成为密码学货币的最早形态
5	1984 年	斯坦福大学的莱昂纳德·波萨克（Leonard Bosack）和桑蒂·勒纳（Sandy Lerner）联合研发多协议路由器——思科路由器技术，确保联网的每台设备都能以最快的速度（或者同时）收到相应的信息，为区块链技术的去中心化奠定了技术基础
6	1985 年	尼尔·科布利茨（Neal Koblitz）和维克托·S.米勒（Victor S. Miller）各自独立提出著名的椭圆曲线加密算法，弥补了 RSA 算法的不足，标志着实用的区块链技术的密码学体系完全建立
7	1991 年	斯图尔特·哈伯（Stuart Haber）和斯科特·斯托内塔（Scott Stornetta）第一次提出关于区块的加密保护链产品
8	1992 年	（1）拜耳（Bayer）、斯图尔特·哈伯（Stuart Haber）和斯科特·斯托内塔（Scott Stornetta）在设计中加入了 Merkle 树，将多个文档证书收集到一个区块中，提高了算法运行效率； （2）辛西娅·德沃克（Cynthia Dwork）和莫尼·纳奥尔（Moni Naor）在论文《通过处理或打击垃圾邮件定价》中提出"限制垃圾邮件和拒绝服务攻击，它要求发起者进行一定量的运算，也就意味着需要消耗计算机一定的时间"的思想，为后来的工作量证明（POW）机制奠定了思想基础
9	1995 年	尼克·萨博（Nick Szabo）首次提出"智能合约"的概念，目的是提供优于传统合约的安全方法，并减少与合约相关的其他交易成本
10	1997 年	HashCash 方法，也就是第一代 POW（Proof of Work）算法诞生
11	1998 年	（1）戴伟（Wei Dai）、尼克·萨博同时提出"密码学货币"的概念，奠定了比特币的理论基础； （2）尼克·萨博（Nick Szabo）设计了一种分布式的数字货币机制——比特金，实现了关于智能合约和数字协议的许多想法
12	2000 年	斯特凡·康斯特（Stefan Konst）发表了加密保护链的统一理论，并提出了一整套具体的实施方案

（续表）

序号	时间	发生事件
13	2001 年	（1）P2P 网络的基础设施开始完善； （2）NSA 发布了 SHA-2 系列算法，其中包括比特币最终采用的 SHA-256 算法； （3）比特币的所有思想和技术条件都已经具备，即将面世
14	2004 年	哈尔·芬尼（Hal Finney）推出了第一个可重用的 POW 系统
15	2008 年 11 月	中本聪发表了著名论文《比特币：点对点的电子现金系统》，提出了比特币和区块链的概念与技术解决方案
16	2009 年 1 月	（1）1 月 3 日，序号为 0 的第一个区块——"创世区块"诞生； （2）1 月 9 日，序号为 1 的第二个区块诞生，并与第一个区块连接成功，区块链正式诞生； （3）区块链进入 1.0 时代
17	2013 年年末至 2014 年年初	维塔利克·布特林（Vitalik Buterin）提出"以太坊"的概念及技术解决方案，标志着区块链进入 2.0 时代
18	2018 年	区块链已经从比特币中脱离出来，进入 3.0 时代，作为一项独立的技术出现

资料来源：根据网络公开资料整理。

从表 1-3 来看，区块链技术的发展也如大数据、物联网、人工智能等其他技术一样，有其特定的历史发展主线。同时，在某种程度上还可以将它的历史归结为偶然与必然相互交错的历史，无数的偶然性演变为历史的必然性，逐渐形成我们今天所见到的区块链技术形态。通常情况下，人们习惯用技术 1.0、2.0 或 3.0 等类似的说法来表述事物的发展历程，对区块链技术也是如此。因此，探讨区块链 1.0 时代、区块链 2.0 时代及区块链 3.0 时代的具体发展内容，对于加深我们对区块链技术的认知具有重要意义。

（一）区块链 1.0 时代

区块链 1.0 时代是区块链技术经历从无到有的基础性时代，这个时代的区块链技术主要是以比特币的形式表现出来的，以至于当时区块链技术的追随者都认为两者难以区分，甚至有人误认为：区块链就是比特币，比特币就是区块链。

当然，这种误解是有一定原因的。这主要是因为区块链技术本身的发展还不成熟，它作为比特币的底层支撑技术，还没有被公众作为一项单独的技术来对待。2008 年金融危机爆发之后，很多金融领域的专家学者开始认识到货币发行方所存在的潜在危机，没有谁能够保证它们永远按照市场流通中实际所需的货币量来发行货币，这种危机的背后是信任问题。

2008 年 10 月，中本聪在其发表的文章中提出区块链概念及其相应的技术架构，预示着区块链 1.0 时代的到来。从这个层面来理解，在区块链 1.0 时代，区块链技术自身与数字货币（资产）并行出现的技术身份、其内在的技术逻辑与思想背景，其实是在对抗中心化金融机构等对货币的滥发和无节制的增发行为。因此，在区块链 1.0 时代，人们更愿意将区块链与数字货币并提，或者称之为去中心化的数字支付系统。

在区块链 1.0 时代的区块链技术就已经具备链状数据结构、全网共享账本、非对称加密和源代码开源等基本特征。也正是这些特征，构成了区块链的基础技术思想，解决了当时数字货币支付、转账和汇款等金融领域的安全问题与信任问题。

譬如，链状数据结构中的前一个区块与后一个区块的相互嵌套和链接，保证了后来的区块链账本的不可篡改性；全网共享账本保证了它的各个参与节点的公平性，也就营造了一个去中心化与真实可靠的交易环境，使各种攻击变得异常艰难；而非对称加密的方式将公钥与私钥紧密结合起来运用，基于密码学算法的加密机制，将整个交易的过程牢牢地锁定在安全的环境中；与此同时，区块链 1.0 时代的源代码开源，为广大网络节点参与记账提供了条件，并且最终演变为一种可以相互交叉验证的共识机制。

综上所述，区块链 1.0 时代对区块链技术新时代的到来起到了奠基性与决定性的作用。

（二）区块链 2.0 时代

区块链 2.0 时代，是在区块链 1.0 时代基础上发展起来的升级版区块链金融，在这个时代可以实现对基于智能合约（智能合同）的可编程金融，而且区块链技术的应用已经逐渐从多种金融场景中剥离出来，开始向更广泛的时空蔓延。

在区块链 2.0 时代，由于区块链本身具有可编程性，加之人们将智能合约引入区块链金融编程系统，诸如规则、承诺、秩序及价值交换等多种因素逐渐产生更加强烈的技术约束效力，使区块链系统得以具备更加稳定的性能、更加安全的系统属性，同时更加能够接纳开放多元的文化。

简单来说，将智能合约嵌入区块链系统，在本质上重新定义了区块链，并开始将区块链作为一种独立的技术形象推向世界，且区块链技术的应用与发展也从最初的货币金融体系向泛金融甚至非金融领域延伸。

与此同时，区块链 2.0 时代还产生了一个新生事物——以太坊（Ethereum）。2013 年年末，一位名叫维塔利克•布特林的俄罗斯人发表了白皮书《以太坊：下一代智能合约和去中心化应用平台》。在该白皮书中，维塔利克•布特林通过使用一种通用的脚本语言，打造了一款新的加密平台和加密货币——以太坊，从而将区块链技术推向区块链 2.0 时代。

学术界普遍认为，以太坊是一套完整的智能合约解决方案，旨在提供一个自动化的脚本语言或具有图灵完备性（Turing-completeness）的平台。一方面，它解决了区块链 1.0 时代只能记录交易账本的延展性不足的问题；另一方面，它为区块链的用户及相关使用者提供了便捷的端口，使用者通常能够轻松地在上面建立协议和智能合约。简单来说，以太坊是一个简单且易于操作的综合应用平台，能够自动为纷繁复杂的货币交易和转账行为提供履行契约的技术承诺，也就是用程序算法代替人来自动执行合同的约定——智能合约。

譬如，在现实情境中存在甲、乙两家公司，甲公司要将产品出售给乙公司，按照传统的签订纸质合同的方式，虽然甲公司有合同作为法律依据，但却没有办法约束乙公司在约定的时间范围内交付相关款项。若是将该契约行为搬到以太坊平台进行，甲、乙公司就会基于几行简单的智能合约代码建立起一套自动执行的算法契约，只要甲公司能够在以太坊上传交付产品的工作量证明，以太坊就会立即自动将乙公司的相关约定款项转移到甲公司账户上。

如此看来，区块链 2.0 时代是一个基于以太坊和智能合约的技术化契约的时代。这个时代中的区块链技术充当着一种规则、承诺、秩序和价值交换的角色，极大程度地降低了区块链系统各方参与者的风险与成本，扩大了区块链技术的泛化能力。

（三）区块链 3.0 时代

区块链 3.0 时代是价值互联网的内核。区块链能够对每个互联网中代表价值的信息和字节进行产权确认、计量和存储，从而实现资产在区块链上可被追踪、控制和交易[1]。在此基础上，人们还广泛地将区块链技术引入各种商业应用场景，打造真正属于区块链 3.0 时代的商用分布式设计区块链操作系统 EOS（Enterprise Operation System）。其类似于现如今的安卓系统（Android System）和苹果操作系统（Apple Operating System），人们以之为基础又可以开发无数的创新技术平台和 App 等。

以 EOS 为代表的区块链 3.0 时代的最终目的是要实现可编程社会。届时，区块链不仅能够记录金融业的交易，而且几乎可以记录任何有价值的

---

1 董宁，朱轩彤. 区块链技术演进及产业应用展望[J]. 信息安全研究，2017，3(3)：200-210.

能以代码形式表达的事物，其应用能够扩展到任何有需求的领域[1]。如此说来，区块链 3.0 时代是一个真正意义上的信用社会的时代，而如今我们正处在从区块链 2.0 时代向 3.0 时代过渡的关键时期，经济、政治、文化、社会和生态将被重新定义。在这样的可编程的智能化社会中，人的生存状态和人与人之间的信任关系，都将被重塑。

从区块链 1.0 时代到区块链 3.0 时代的发展过程，其实是区块链技术本身从简单到复杂、从不成熟到成熟的过程。从一定程度上说，我们目前正处于区块链 2.0 时代与区块链 3.0 时代的交叉时期，区块链技术本身的发展凸显了巨大的价值，同时，一种基于区块链技术的互联价值（Intervalue）网络即将生成，这就是狭义层面的价值互联网的雏形。随着区块链技术的不断发展，我们有理由相信，即便是区块链存在的"不可能三角"（区块链"不可能三角"，也称为"三元悖论"，是指区块链网络无论采用哪种共识机制来决定新区块的生成方式，皆无法同时兼顾扩展性、安全性、去中心化这三项要求，只能三者取其二）的技术发展瓶颈，最终也一定会被攻克。

区块链 3.0 时代将会朝着两个方向发展：一是以技术创新的方式战胜自身的技术局限，实现去中心化、安全性与扩展性的统一；二是区块链技术的跨界融合与应用，它自身将会成为整个社会进一步发展的新兴技术基础设施，最终将把我们当前所处的这个时代真正打造成广义层面的价值互联网（Value Internet）时代。广连接的终极就是价值的去信任交换，届时，社会产业、服务与民生等中观领域的运行格局将会被彻底重塑。

从民生领域来看，随着区块链 3.0 时代的不断推进，在未来几年，区块链技术将会持续在医疗、教育、食品安全、公共安全、养老、公益与政务服务等领域大显身手，不断颠覆与重塑传统的民生服务模式——这是一种令人期待和激动人心的技术实践！与区块链相关的民生服务领域，自然会深深留下区块链技术的"烙印"。

---

1 链内参. 当大家都在谈论区块链 3.0 时，区块链 4.0 已悄然开启！[EB/OL]. (2018-04-17) [2020-05-28]. https://www.sohu.com/a/228531619_100111931.

四、技术应用：区块链赋能民生服务

在"区块链+民生服务"的各个细分领域，如教育、医疗、公共安全与养老服务等，区块链技术将会带来更好的服务质量、更高的服务效率与更低成本的服务支出，将会彻底改变传统的民生服务体系和服务方式。

在教育领域，区块链技术可以改变教育评价方式。区块链技术可以将传统的以终结性评价为主的模式，变革为集诊断性评价、形成性评价、终结性评价于一体的新型评价机制，能够重新定义未来的人才。这意味着学生的每一分努力与每一个精彩瞬间都可以被完整地记录下来，且不会被他人篡改。区块链技术赋能教育，最主要也最关键的是育人。区块链教育是全新的技术育人机制，它将学生的学习过程和成长过程记录在成长档案中，并且在改变原有评价方式的同时，创造出如发展性评价与创新性评价等新型评价机制。因此，区块链教育不仅关注学生的诚信教育和价值观教育，更重要的是能够达到"学以御物"和"学以成人"的目的。

在医疗领域，由于区块链具有防篡改和非对称加密的技术属性，将之应用于医疗大数据的治理方面，不仅能够防止医疗数据被篡改，还能在私钥的保护下保证患者隐私数据的点对点流动，使得没有经过授权的人无法访问患者数据，保证了患者隐私数据的安全性。同时，区块链医疗还能解决诸如收费不合理、药物造假和理赔取证难等问题。目前，如 Factom、爱沙尼亚、飞利浦医疗、Chronicled、Guardtime、Patientory 等医疗公司已经在电子病历、医疗供应链、数据安全、医疗理赔、医疗制药、患者身份认证和医疗网络安全等领域进行创新创业试验，区块链医疗的应用场景越来越丰富和多样化。

在食品安全领域，人们主要借助区块链技术搭建食品安全信息网络，实现对食品"来龙去脉"的全流程监管。区块链技术在食品安全领域之所以能够大显身手，是因为它自带可追溯的属性。食品的生产链、供应链和服务链等都将被区块链技术"串联"，实现真正的"牵一发而动全身"，无论是在链条的哪一段发现食品安全问题，都可以立即将这些问题食品召回，而且能直接找到相应的企业和负责人，监督与归责的工作将会变得自动和易于操作。区块链赋能食品安全领域，不仅能够降低消费者所面临的风险，还能提前为他们构建一个行之有效的安全保障体系。因此，将区块链嵌入食品安全领域，能避免假冒伪劣食品与过期食品出现在人们的餐桌上，实现食品安全问题的源头治理和精准治理。

在公共安全领域，区块链技术具有重要的应用价值：一是利用它的去中心化特征，整个公安系统可以选用联盟链技术进行"安全链"布置，从而打造公共安全数据一条链、一张网的格局，打通各个公共安全细分领域的数据共享渠道，解决传统的数据孤岛和数据共享困难的问题，进而提高公共安全领域的跨域办案效率；二是在区块链公共安全网络系统中，所有网络节点的数据都是公开的，而且在相关许可机制下，公安内部可以随时调取包括犯罪记录、重点人员记录、刑侦记录、出入境记录、人口管理记录和交通管理记录等方面的实质性数据，提高了公安人员在安全事件中的应急处理能力和追查跟踪能力；三是区块链技术能够打造一个真正意义上的信用社会，其在技术层面本身就在规避如金融诈骗、证据篡改和舆论造假等方面的安全问题。

在养老服务领域，区块链技术能够有效实现养老服务大数据的传输、保存和共享，而且基于密码学的区块链技术还能够保证养老服务大数据价值变现全过程的私密性和安全性，因为只有通过私钥才能获取相应的隐私数据，但这些私钥通常是被老人及其家属保管的，只有经过相应的许可才能获得。基于区块链技术的养老服务通过将老人的数据进行实时"上链"，并与他们之前已有的相关数据进行链接，就能实现对老人的养老服务数据进行全生命周期的整理和记录。无论是老人的医疗健康数据、饮食就餐数据，还是居家的相关行为数据等，都能通过各种嵌入区块链技术的传感器精准采集，进而形成一个贯通全程的老人养老服务知识图谱，便于为后续养老服务的开展提供便利和精细化的指导。区块链养老服务可以利用专属方式激励老人提供高度连续的、匿名的、可追溯的、不可逆的、可扩展的医养数据。在区块链智慧养老中，信息服务平台能够实现对老人的远程监测，能够获得海量的信息数据，包括对老人的生活状态、身体机能和心理状态的监测数据[1]。通常，基于这些实时动态且可信的数据，能精准、实时与个性化地回复老人的需求。总体来说，区块链技术在养老服务领域的价值可以简单概括为：以打造新型养老服务系统的方式，促进区块链养老服务安全、舒适和具有个性。

在社会信用领域，区块链赋能社会信用，促使人际信用、契约信用向算法信用转换，以区块链技术为基础的算法信用体系的构建，实质上是在筑牢一个符合深度技术化的社会的运行基础。由于传统的社会信用体系天然存在一些漏洞（如信用评价第三方的独立性、公正性和安全性的问题；失信与违约追责难和追责成本高等问题），无法通过自身填补，因此需要采用新技术对其欠缺之处进行修缮。区块链技术可以解决传统社会信用体系的痛点，还可以进行社会信用制度方面的创新，极大地推动了新型社会信用体系建设的进程。在区块链技术赋能的情形下，一个真正的信用社会即将到来。

在就业领域，随着区块链技术的不断发展，它对人们就业的影响越来越大。仅从目前来看，区块链正在渗透和颠覆诸如银行业和支付业、网络安全、供应链管理、交通运输和社交网络等就业领域，在此过程中难免会让部分人失业。但这只会引起人们对技术应用的暂时性的隐忧，不会使人们产生过度恐慌，因为区块链技术使人们失业的可能性要远小于它为人们带来就业机会的可能性。

在数字身份领域，随着各种技术的不断发展，人们生活在数字世界的

---

1 区块链部落. 智养链:区块链在未来智慧养老场景的应用[EB/OL]. (2018-06-25) [2020-06-01]. https://www.sohu.com/a/237669851_466704.

时间越来越长，人们所遇到的数字身份问题与困境也随之增多。将区块链技术应用于数字身份领域，能够将全体网民的离散身份进行汇总和可视化，实现数字时代的可信任的数字身份网络。这样，人们便进入了基于区块链的数字身份时代，可以将自己完整的数字身份信息和身份证明打包上传到区块链，并赋予哈希值和时间戳，使其成为可查的真实的身份数据。利用非对称加密方法，可以较好地实现区块链上身份信息的安全传输。总体来说，基于区块链技术的数字身份时代在促进实现信息互联网、智能互联网向价值互联网转换的同时，将会最大限度地释放网民的价值，实现整个社会效益的最大化。

在精准扶贫领域，将区块链嵌入精准扶贫工作，能够克服数据不真实、数据共享困难、扶贫项目不透明，以及扶贫对象识别不精准等问题，进而促进精准扶贫领域的精准度和智慧程度，让那些真正需要扶贫的对象都能得到最为恰当的帮助，实现"真扶贫、扶真贫"的目标。

在公益慈善领域，区块链技术旨在为受助群体营造一个值得信任的捐赠环境，并在这种环境中实现对捐赠群体的教育与激励。对于那些突然遭受大病的弱势群体，在他们向公益慈善平台提出申请之后，个人、家属及其临床医生等都将成为他们的证明人，公益平台与善款捐赠方不再怀疑和犹豫，这对于那些因为各种原因急需"江湖救急"的受助群体而言，应该是一个极好的消息。

在政务服务领域，当区块链技术赋能政务服务，其应用场景将非常丰富，如电子证照、不动产登记、工商注册和招投标等。届时，政务服务流程会更加优化，政务服务过程会更加透明，政务服务结果会更加公平和公正。将区块链技术嵌入政务服务领域，将会为该领域解决相关难题带来契机，同时还能进一步降低政务服务成本，使政府服务更加高效、高质与贴近民心，增加人民群众对政府服务的满意度。

从目前来看，区块链+民生服务的设想已经被提升到国家战略层面，尤其是在近期大力发展新基建的社会背景下，区块链技术被纳入新基建的范畴。在关于未来发展的战略定位方面，区块链技术已经被放在与大数据、云计算和人工智能技术同等重要的位置上。

今天，在数据化洪流和智能化浪潮中，"一切被数据化，一切被智能化"，人与人之间需要借助区块链技术实现彼此间的信任，从而建立起一个技术支撑的信任社会，人民的生活水平在区块链技术的支撑下将会得到显著提高。在区块链技术赋能下，整个民生领域将会发生革命性变革，最终助力人民群众向美好生活迈进。

第二章

智能"药神"：区块链促进医疗现代化

区块链可缓解医疗的资源短缺、数据丢失、数据无法共享、就医信任危机、医药产品防伪溯源难等痛点，解决看病难、看病贵、看病不安全等现实问题，让老百姓在医疗上享受更及时、更优质的服务。

在医疗行业，老百姓经常关注的是药品价格与药品安全两大问题。药品价格很大程度上是由研发成本决定的。业内认为，一种新药要研制成功和推向市场，通常至少需要 10 年，时间、精力、保障等费用更不能直接用金钱来计算。而影响药品安全的环节更多，如临床数据是否收集齐全，在无法收集齐全的情况下能否最大限度地收集"硬核"数据。药品从研制、流通，直到进入患者的胃里，这个过程中的每个环节都会影响药品的安全。如何才能运用技术有效解决这些问题？或许区块链已经在扮演"药神"的角色，为这些问题开出了"药方"！

一、认识医疗：区块链视域中的医疗行业

（一）我们急需解决什么样的医疗难题

从最开始的投医问药、望闻问切，到如今的仪器化验、远程会诊等，医疗行业随着科技的发展不断进步。但是，医疗行业还有很多需要改进的地方。比如，在基础设施建设方面，信息互联互通、资源共享尚不能完全

实现；在标准规范方面，相关标准体系尚未建立完善；在医保支付方面，部分地方医保不支持移动互联网支付，直接影响居民接受、使用"互联网+医疗"的程度。

医疗行业一直被看作继金融业、制造业之后的第三个非常适合区块链技术应用的领域（许多学者和业内人士认为医疗行业是继金融业之后的第二个非常适合区块链技术应用的领域）。

（二）医疗行业的分类与现状

在开始正式讨论"区块链+医疗"之前，我们先介绍一下医疗行业的分类与现状。

医疗问题不仅关系到每个社会成员的生老病死，更关系到一个国家的可持续发展与综合竞争力。初级预防、门诊医疗、住院医疗、康复医疗等环节的服务链构成了医疗服务体系。而真正能够把医疗服务体系支撑起来的是医药的研发体系、生产与销售体系和医疗保险费用筹集与支付体系。要实现全社会的医疗保障最大化和医疗资源的效用最大化，则需要这三个体系进行良性、协调的运行。

医疗行业，从地域角度可以分为中医、西医；从应用角度可以分为医疗器械、药品、医疗保险等。近年来，创业投资领域也有很多与 AI、区块链等相关的医疗企业兴起。可以说，人们需要的医疗服务越来越广泛。从产业链角度看，医疗行业的上游主要包括医疗药品及医疗器材的研发、生产和销售企业；中游包括提供医疗服务的两种机构——一种是大型机构，主要是指公立医院和大型私立医院、药店连锁机构，另一种是小型机构，主要是指社区医院和私人诊所等；下游是患者。

根据 Global Market Insights 报告，预计从 2019 年至 2026 年，全球数字（智能）医疗市场将从 1 060 亿美元增长至 6 394 亿美元，期间复合年增长率为 28.5%。可以说,全球智能医疗市场发展迅猛。

未来,医疗健康市场将维持稳步增长的趋势。从供需关系的角度分析,一方面,随着社会老龄化进一步加剧,以及人均可支配收入稳步提升,人们对健康的需求得以充分释放;另一方面,医药科技、生物科技、智能科技等新兴科技的发展,推动健康产业供给侧产品增加、服务提升,使更多的健康需求得以满足。

二、行业痛点:医疗需要区块链

整体而言,医疗服务和医药商业是目前医疗行业的两大主要类别,其行业痛点主要是医疗服务数据未能被充分挖掘使用,以及医药商业中医药产品的防伪溯源较难。

(一)医疗数据的痛点有哪些

随着医疗行业逐渐信息化、数据化、智能化,关于疾病、医疗、药品临床试验等的大量数据每天都在产生、存储和流动。同时,随着更多医用智能穿戴设备的问世,医疗行业每年的数据量增长较为迅速,医疗行业正步入健康大数据时代。数据是重要的生产资料,人们对数据的分析挖掘所获得的信息,在科学决策、优化配置、节约资本、商业利润等方面具有较大的价值。

相比金融业、制造业等传统行业,医疗行业数字化的发展进度相对缓慢。主要原因有:医疗数据孤岛化、医疗数据安全保障有难度、数据所有权不明晰等。

首先，医疗数据孤岛化。就目前的医疗系统而言，不同的医疗机构分别掌握了不同阶段、不同患者的医疗数据。患者每换一家医院都要重新检查一次，即使医生拿到前一家医院的检查记录，也仅将该检查记录作为参考，建议患者做二次化验，以完善病例数据链，再做下一步的诊断。更多的情况是，医院之间未建立信息化的信任机制，数据不能共享，彼此之间的信息不能作为诊断依据，由此带来巨大的人力、物力、财力和时间的浪费，在一定程度上影响了治疗进度。尤其是在抢救急诊病人时，如果医生可以快速调出病人所有的历史病例，就可以大幅节约诊断时间。

医生在接诊病人时如果能准确了解病人服用过的药物、以前的医嘱、之前的病症和诊治方法，其在做出本次诊断时就能更精确、更高效，医疗的水平和协调性就能得以进一步提高，发生误诊的风险也会随之下降。

医疗数据的孤岛化，即不同医疗数据散落在不同的部门和系统，导致整个医疗行业不能建立一个标准体系。数据孤岛问题是第一个的问题，而标准体系问题则是打通共享渠道后的又一个问题；各个医疗机构如果没有统一的数据标准体系，即使实现了数据的流动和共享，也不能相互融合、充分发挥数据的价值。此外，各种智能穿戴设备所收集的大健康数据也需要进一步整理归类，杂乱无章的信息无法自动形成有效的数据。

其次，医疗数据安全保障有难度。医疗产业链涉及环节较多，每个环节都会产生一定的数据。因此，确保医疗数据安全无疑是非常重要的。我们以一份诊疗档案为例，它包含患者个人、诊断、医嘱、检验检查、药品、收费、主治医生等多方面的信息。如果此类医疗数据的安全性得不到保证而发生泄露，将会给患者、医生等带来极大的负面影响。

特别是传统中心化方式的存储数据、基因数据等重要健康数据，一旦发生大规模泄露，后果将是灾难性的。数据泄露有多重原因，可能由于内部管理失误，也可能由于遭到外部黑客攻击。医疗系统传统中心化方式的数据隐私保护的难点在于信息节点多所导致的潜在泄露隐患点多。中心化数据库的单点故障和私钥泄露导致数据库安全防线彻底性崩溃，以及外部黑客攻击等问题，都是需要高度重视的医疗信息安全问题。目前，现有的存储模式并不能保障医疗数据的安全性。

2019 年，深信服千里目公司发布了《2019 年网络安全态势报告》（以下简称《报告》）。《报告》显示，各类挖矿软件在各行业的拦截比例最高，此外，后门远控木马和蠕虫病毒在教育、医疗行业的拦截比例也相对较高，单是在医疗领域拦截的恶意挖矿软件就达 47.92%[1]。同样是 2019 年，据 Security Affairs 报道，德国漏洞分析和管理公司 Greenbone Networks 的专家发现，600 个未受保护的服务器暴露于互联网，这些服务器包含大量医疗放射图像。其中，中国有 14 个未受保护的 PACS 服务器系统，泄露了近 28 万条数据记录[2]。

如此看来，医疗数据的大规模泄露事件不断出现，反映了整个医疗行业急需解决信息安全问题。医疗数据是每个人最隐私的数据之一，一旦泄露，会造成非常大的影响。在当前物联网健康设备飞速发展的情况下，单纯靠 IT 公司将难以支撑医疗物联网生态系统的成长。如何保证这些设备的数据不被侵袭，是我们面临的一个重要问题。

最后，数据所有权不清晰。医学工作者对临床医学、医疗研究等信息进行收集、分析和使用，并进行理论提炼。这些理论研究和实践数据不断促进医疗水平的进步，也不断提高人类的健康水平。比如，临床医学评估报告和审查常常涉及多种药品运用与临床诊断结果，所以需要整合多方医疗数据以进行全面的比较和交叉研究。如今，已有一些商业公司开始进行互联网数据挖掘，这不仅促进了商业医疗信息化，而且促进了数据所有权问题的解决。以 IMS 健康公司（业内认为，该公司是全球数据挖掘行业的领航者）为例，该公司除了从医疗行业购买医疗数据，还从电子病例中剥离识别信息，组建基本医疗数据库，取得与患者或医疗系统的沟通交流渠道。早在 2016 年，该公司医疗数据处理业务所获得

---

1 深信服千里目公司. 2019 年网络安全态势报告[R/OL]. (2020-05-05) [2020-08-05]. https://www.sohu.com/a/393083022_653604.

2 腾讯网. 隐私大事件：全球医疗数据大规模泄露 暗网价值超十亿 涉及中国[EB/OL]. (2019-09-20) [2020-08-05]. https://new.qq.com/omn/20190920/20190920A0BTMM00.html.

的收益就达到 19.6 亿美元。

然而，我们必须重视数据在产生价值的同时所带来的问题。其中，最为重要的问题是，医疗数据的使用未得到所有者的赋权。大量隐私数据掌握在中心化的机构中，由机构自用或授权第三方使用。然而，数据的存储权、使用权、所有权等都可能存在法律问题。根据美国盖普洛民意调查，66%的人反对将私人医疗数据开放给第三方数据挖掘商，其中最主要的原因是，这样会导致隐私泄露。此外，正因为这些授权过程中产生的法律隐患，许多医疗机构尽量规避数据共享。因此，如何保护个人医疗数据所有权，也成为开展医疗研究工作要考虑的重要问题。

（二）药品、器械从哪里来

下面我们来看看"区块链+医疗"的另一个场景——医药商业中的药品和器材溯源。

先看药品的溯源。医疗溯源的目的是对药品的真伪进行鉴定，在消费者心里建立起对医疗商品的信任。根据有关数据，全球假药交易规模每年大约为 750 亿～2 000 亿美元，数量之大，令人惊讶。在非洲和南美洲的许多发展中国家，虚假药品占到药品销售总量的 10%～30%，每年超过 10 万人死于假药。传统的审验、追踪医疗商品的方式方法，已越来越难以满足市场的追溯需求。

现在，药品的供应量非常大，很多医药公司削尖了脑袋想与众多医院达成合作，这之间就会有利益链条产生。那么，如何防止达不到标准的药品进入医院呢？这时，区块链就派上了大用场。

人们借助于"时间戳"技术和链式结构实现数据信息的可追溯，每个事件和交易都有时间戳记，成为一条长链或永久性记录的一部分。通过共识机制来共同记录和维护数据，防止参与者单方面修改或删除数据，保证药品信息在区块链上不可篡改。通过区块链技术，可对药品在供应链上所有环节的关键细节和相关信息，包括药品的生产日期、价格、疗效、流通情况等进行查询，甚至追溯至原材料采购阶段。例如，若药品运输过程中断或药品失踪，存储在区块链的数据可为各方提供快速追踪渠道，并确定药品的最后活动位置。药品的每个生产制作环节都将在链上清晰地展示，这无论是对患者还是对医院都是重大的利好消息，可以最大限度地保护患者信息的安全，减少医疗事故的发生。

区块链的应用还有助于促进所有医药公司都严格按照药物供应安全法规的要求进行药品生产作业，从而直接或间接地提升全球药品安全性。这对于现在的医美行业来说，尤为重要。医美行业尚未出台明确的法规，行业内整治率较低，出错率较高，用药安全成了令人担心的事。据媒体曝光，一些整容医院的药品并不符合国家安全需求标准。少数符合标准的药品价格非常高昂，所以医美行业更加需要通过区块链进行追踪。此外，在区块链网络上一旦发现存在安全隐患的药品，人们只要通过查找区块链记录的药品流通信息，就能找出问题环节，方便厂商和监管部门迅速介入，并在第一时间召回问题药品。

医药行业供应链由生产商、批发商、零售商（药店）、医院等众多主体参与构成，各环节在承接过程中都存在大量的交易、合作等内容，但各环节的信息被独立地保存在各自的环节或平台中，彼此不能共享，加之出于商业秘密的考虑，彼此并不公开。彼此不流通的信息，导致各参与主体难以准确地了解相关环节的实时状况及存在的问题，影响供应链协同作战的效果。当各主体间出现纠纷时，互相指责却拿不出证据或拿假证据进行举证和追责，不仅耗时费力，也不科学、规范，结果难以令人信服。另外，药品追踪和防伪也可以协助警察破案，对于很多投毒案件，只要查到药品源头，就可以得到很多线索，有助于案件的侦破。

再来看医疗废弃物追踪解决方案。医疗废弃物数量较大，尤其是在重大疫情防控期间，对医疗废弃物的科学处置是一个必须解决好的大问题。区块链在医疗废弃物监管溯源方面的应用，是当前的一个研究和应用热点。

目前,在医药商业领域,一次性医疗器具已广泛应用于临床,而如何处理这些医疗废弃物却成为医疗行业不得不面对的问题。因为处理这些医疗废弃物涉及较多环节、诸多诊室、很多人员,从产生到集中处理,流程多、周期长,要经过科室分类、打包、暂存、院内转运、集中贮存、院外转运、院外处理等环节。目前,对于从医疗废弃物产生源头到末端处置的全过程,监管体系还不完善,在利益的驱使下,处置医疗废弃物的行业甚至出现了"黑色产业链"。比如,把吊水袋简单处理后用于儿童玩具、把针头简单消毒后二次使用等,同时存在乱扔、乱弃、乱回收问题,造成环境污染、交叉感染等现象。有关数据显示,中国 2018 年的医疗废弃物总量超过 200 万吨,并且这一数字每年都在持续增加,更不用说重大疫情防控期间产生的医疗废弃物数量。这些医疗废弃物如果不能得到科学处置,将严重影响公共卫生和生态环境。医疗废弃物处理溯源问题看似涉及范围较小,却对人类的可持续发展产生了重要影响。

在医疗废弃物处理方面,得益于区块链的技术优势,可以实现分类、计重、收集、转运直至与医疗废弃物处理厂交接等全部环节的信息采集和跟踪,形成追溯链条,完成医院内部医疗废弃物处置的自动化、封闭化管理。治理者可以通过区块链查询医疗废弃物信息、远程视频监控、接收报警信息,全程追溯到责任人,防止医疗废弃物丢失带来的隐患和风险,保证医疗废弃物在院内的安全性,杜绝医疗废弃物再利用的隐患。

简言之,医疗废弃物追踪解决方案的诞生是以物联网、传感器、智能垃圾桶等技术设备为基础的,应对医疗废弃物的产生、运输和处理过程溯源,并对参与者保持激励。国家卫健委于 2019 年开始区块链试点项目,将区块链用于医疗废弃物的数据采集、交接记录、院内流转路线监控、仓库库存监控等一系列管理措施中。从对医疗废弃物进行收集、扫码、封袋,到称重、运输、交接,再到最后的销毁,这一过程的数据都会被记录下来,以保证医疗废弃物从源头到末端的全过程监管。

.

三、优势之处：区块链对医疗的赋能点

（一）区块链对于医疗有哪些优势

从医疗的角度看，区块链本身具有一定的优势。

首先，分布式账本的优势。分布式账本是指交易记账由多个节点共同完成，而且每个节点所记录的内容都是完整的账目。因此，每个节点都能合法地参与监督交易，并利用智能合约为其作证。与传统的分布式存储方式不同，区块链技术的每个节点都是按照链式结构存储完整数据的，每次交易都有时间戳"盖章"确认，并打包成块，成为长链永久性记录的一部分。此外，区块链分布式使得任何一个节点都可以单独记录账本数据，并且每个节点的记录内容都是一致的，进而避免了单一记账人记假账、记错账的可能性。记账节点数量相当大，要想修改任何一个节点的数据，必须修改所有节点的数据。也就是说，除非所有节点都被破坏，否则账目就不会损坏，从而保证了数据防篡改和安全性。

其次，非对称加密的优势。非对称加密指用一对公钥和私钥来进行加密和解密。信息通过公钥加密后，即使被截获，也无法解密查看。因为公钥加密后的信息必须用私钥进行解密。而私钥只有个人才拥有，这样就保证了信息的安全性。虽然"上链"的交易信息是公开的，但这些信息又是高度加密的，只有在拥有私钥的情况下才能访问查看，从而不仅保护了个人隐私，而且保障了数据安全。此外，"上链"数据无法被篡改，即使可以篡改，也会在区块链上留下证据——篡改痕迹，从而被快速定位发现。2018年1月，腾讯正式发布了区块链方案白皮书，并上线了具有自主知识产权的腾讯区块链行业解决方案。同年 6 月，腾讯正式对外发布了微信智慧医院 3.0 版本，实现服务、支付、安全保障、生态合作的四大升级。在 AI 和区块链等新技术加入后，新版微信智慧医院全面开放腾讯核心能力，令医疗资源可及、可达、可支付。"区块链+病例数据"可以实现病历数据的针对性读取，防止病历数据被篡改，也不会在用户未授权的情况下泄露病历数据，从而实现病历数据的安全流转。

再次，智能合约的优势。可以说，智能合约是一种"契约"，是一种以数字化方式传播、验证，并执行"约定"的计算机协议。其基于可信的、不可篡改的区块链技术支撑，只要满足智能合约所列出的要求，即可自动化地执行一些预先设定的"游戏规则"。这个执行过程是完全自动化的流程，不需要任何外界力量的参与，能够确保交易过程的高效率、低成本、精确化、科学化。此外，智能合约去除了第三方的干扰，进一步增强了网络的去中心化，智能合约执行命令的过程体现的是技术的"民主性"。

最后，通证（Token，其原意是"令牌、信令"）生态激励的优势。区块链的通证经济思想，是要把免费的社会行为转变成被金钱衍生品激励的市场行为，把这些行为进行精准量化，并定向生产有价值的行为结果。通证除了承担支付流通或价值贮藏的功能角色，还被设计为如股权、金融资产、奖励积分等更多元、复杂的角色。在分布式、去中心化的区块链界域内，激励机制是利益分配的杠杆支撑点，各个节点的参与者分工明确、态度积极，共同维护区块链的数据安全和利益，所有参与者都能获得相应的回报。可以说，通证生态激励机制促进了参与者共同维护系统安全性，推动了区块链系统良性发展。

总之，区块链是一种多方参与维护、全链各个节点备份、数据安全的分布式、去中心化的记账技术，具有防篡改、全环节留痕、核查追溯、公开透明等特征。这些特征保证了"上链"数据的真实性与透明性，为区块链创造信任奠定了基础。

（二）区块链赋能医疗的"穴位"

正因为区块链具有以上优势，它才能够在多方面对医疗行业赋能。

首先，将区块链技术应用于医疗历史数据的记录，可以实现共享数据的防篡改和可追溯。区块链分布式存储使得每个节点均有副本，避免了由于某个点故障引发数据库底线崩溃的情况。医疗系统的相关参与者通常可以利用智能合约来共同记录和维护数据，防止个别参与者单方面篡改或删除信息，保证"上链"信息的不可篡改，从而保证了数据的安全。

其次，区块链技术可以制造一个"保护罩"，将各医疗机构及患者放置于一个用密码技术保护的"铜墙铁壁"环境中，并使其在这个环境中彼此共享敏感信息。通过医院的加密处理，医疗数据中的隐私信息将表现得具有匿名性。采用智能合约及非对称加密算法，可以自动生成访问的加密命令，实现多个私钥的复杂权限使用。对于有权限的区块，其他人员必须拥有私钥授权才能访问链上的信息，从而有效结合了数据的公开性和隐私性。

最后，发挥通证激励机制的作用，可以有效解决数据确权不明确而引起的参与者数字化的意愿低的问题，有助于推动医疗健康领域的数字化发展。借助于"时间戳"技术和链式数据结构，可以实现医疗产品信息的可追溯，解决供应链防伪溯源难的问题。当然，也可将"时间戳"技术用于监督药物运输、分发等环节以进行医疗用品管理。此外，通过智能合约可解决社会信任问题，降低协作成本并提高准确率。

区块链与医疗行业具有先天的吻合性。区块链的技术优势能为医疗行业提供多个环节的解决方案，同时能助推医疗行业信息化的迅速发展。

位于瑞士巴塞尔的 BIS 公司的一份公开的研究报告显示，到 2025 年，全球医疗保健市场在区块链上的支出预计将达到 56 亿美元。届时，采用区块链技术每年可为医疗行业节省高达 1 000 亿～1 500 亿美元的相关成本。可见，区块链赋能医疗行业，不仅可以产生社会效益，还可以产生巨大的经济效益。

四、"区块链+医疗"的应用场景

区块链的应用主要在于解决信息不透明、各环节参与者激励不足、系统整体运转效率低下等问题，实现多个参与主体之间的共同信任、相互协作和一致行动。"区块链+医疗"的应用场景主要体现在传统医疗服务的数据管理和医药商业中的药品及器材溯源两个方面。医疗保健行业利用区块链技术逐渐成为趋势，区块链主要被用于加强制药部门的供应链管理、数据安全、信息保密、数据确权和流程管理等方面。区块链技术能够帮助医疗机构保留病例痕迹，也能够从患者相关数据中获得社会价值。技术最终是服务于人的，区块链技术的最终目的是缓解医患矛盾，更好地服务患者、医生、医院、药品生产商乃至整个社会。

（一）"上链"，管理您的病历

2019 年 12 月 6 日，医链智慧云诊所服务，让老百姓在延安市宝塔区的基层诊所就可以完成日常的身体健康数据检测和享受精准的医疗服务。前来就诊的患者不再需要携带厚厚的病历本，也不再需要进行重复的检查，只需要提供身份证，医生即可登录医链智慧云诊所平台，调取、查阅患者过往的所有就诊记录。无论是对患者还是对医生，医链智慧云诊所服务都带来了极大的便利。数据互联互通方便了医生对患者病历的管理，加强了就诊的精准程度，并且通过长期的数据监测可实现慢性病管理和个人健康建档，从而更好地服务群众，提高诊断的效率和准确性。

医链智慧云诊所平台是利用区块链、物联网、大数据、人工智能技术，专门服务个体诊所、村卫生室、乡镇卫生院等基层医疗单位的门诊信息管理软件。该平台界面操作一目了然，即使是对计算机不太熟练的医生，也可以很方便地使用它开出电子处方。更重要的是，它能够实现链接和通信功能：链接医院，实现患者的上下转诊、数据的互联互通、信息共享；链接用户，将用户的健康信息实时上传到平台，在未来就医时，作为诊疗的参考依据。依托区块链技术，在该平台上，用户的病历只有获得本人授权后才可被调取，从而有效地保证了患者的隐私信息和数据安全。

Health Wizz（健康魔法）宣布推出一款移动平台，利用区块链、移动定位和数据管理技术，帮助患者梳理数据，让其可以随时随地安全访问自己的数据库。Health Wizz 移动平台利用区块链技术为消费者提供所需的工具，使包括研究机构和制药公司在内的利益相关者共同汇集、管理和共享医疗数据，不仅确保了数据的完整性，保护了患者的隐私，而且真正做到了把患者信息的所有权还给患者自己。

在传统就诊模式下，患者私密信息经常被泄露，让社会对医院的隐私保密系统的安全性产生了质疑。从某种程度上来说，通过区块链保存就诊数据，可以巩固监管部门查看链上数据的权利，确保医疗信息的安全。同时，利用区块链技术，医生可以掌握患者的个人健康历史记录，并且可以高效、精准地提取与使用药物、医生诊断、患者疾病和手术等相关的信息。这不仅能够大幅度提高医疗服务的质量和协调性，而且能够有效降低相关成本和风险。

（二）远程医疗，隔空为您提供医疗服务

远程医疗是通信、多媒体等技术与应用医学相结合而发展起来的一门

现代学科。它以多种数字传输方式建立起不同区域的医疗单位之间、医生和患者之间的联系，可实现远程咨询、诊治、教学、学术研究和信息交流等功能。这种新模式的应用，让就医过程变得有序、省时，还解决了发达地区和贫困地区医疗资源不平衡的问题。传统中心化的远程医疗平台可能会由于内部失误或外部攻击，导致患者与健康相关的敏感资料被泄露。区块链技术提供了一个安全的方案，能做到相对透明又能保障用户隐私。

下面我们举一个大家比较熟悉的医疗行业的例子。基于区块链技术的远程医疗平台 Medicohealth 是一个去中心化的远程医疗平台，旨在整合服务于移动健康和远程医疗市场的解决方案。可以说，这个平台将治疗、安全、利润等因素较好地结合起来。比如，在 Medicohealth 上，用户可以通过允许同步自己的健康数据，实现信息的安全存储及访问管理，还可以通过链接到许可机构的数据库来检查医师执照，并对医生进行"星级"和文字点评。Medicohealth 在给予患者线上医疗帮助的同时，还注重保护他们的隐私，并奖励线上提供帮助的医生，从而提高医患双方的互动效率，增加医患间的信任感。

（三）智能穿戴设备，存在就是被感知

位于美国丹佛的 Welltok 通过旗下的 CafeWell Health 健康管理平台，运用 AI 技术分析来源于智能穿戴设备的用户体征数据，提供个性化的生活习惯干预和预防性健康管理计划。

类似 CafeWell Health 的健康管理平台还有很多。患者或者受检者可以通过穿戴医疗设备，将血压、心电、呼吸、脑电波等生理参数和血液、尿液、泪液、唾液、粪便等生化数据实时传入区块链个人医疗数据档案中，并对其实现动态监测。经过特定的授权程序，这些信息还可以传送给专业医疗机构进行检查和分析，形成个人生命体征监测报告。

使用智能穿戴设备有利于把握患者病情。譬如，针对高危心脏病患

者，可通过除颤仪等将患病频次、血糖、血压等关键数据传入区块链个人健康数据文件中，医生可以凭此更精准地判断和把握病情，从而更快速、准确地对症下药。将智能穿戴设备中的用户体征数据与 AI 技术相结合，借助区块链自主认知身份技术，医院可根据一段时间内智能穿戴设备提供的用户体征数据进行个性化的医疗护理服务，提高治疗或保健的精准度。

此外，智能穿戴设备的数据"上链"，具有数据全量真实、健康监督管理、辅助保健治疗等优势。用智能穿戴设备直接上传数据，可以保证数据传递过程中的有效性和安全性，从源头防止数据作假。患者自己也可了解和管理自己的健康状态。

未来，智能穿戴设备有望通过区块链技术整合在医疗 IT 生态系统中。借助区块链技术，智能生态设备可以抛开手机和其他设备的束缚完全独立。

（四）数据挖掘，不会失去数据确权

区块链数据挖掘，在一定程度上可以说是数据确权的一种应用。临床诊疗研究、医药研发、人类基因组研究等知识高度密集型的研究领域都需要强大的医疗数据支撑。如果没有足够强大的数据库，则很难通过数据挖掘、机器学习等方式取得创新突破，从而无法取得对人类有意义的成果。

然而，目前这类数据的数量远远达不到科研数据量的要求。临床诊疗数据和医药服用反应的数据，还未得到及时的记录和整理。基因数据检测成本较高也是一个重要原因。据业内人士估计，一半以上的临床信息未能共享，基于医疗数据的科研成果也未能反馈给数据的拥有者或保存者。大数据的价值还远远未发挥出来。而对于医疗商家而言，其与医院等机构的

"数据鸿沟"现象也非常明显。

如何使这些有价值的数据能够被及时记录，并安全地传递呢？区块链技术能够很好地实现这方面的功能。区块链既可以保证数据安全和用户隐私，又可以利用多节点激励机制在一定程度上扩大数据的供给量，进而通过医疗大数据挖掘推动医疗研究的发展。进一步来说，在精准医疗和人口健康管理等领域的医疗研究创新方面，区块链还能推动临床试验人员和研究人员之间的高度协作。此外，一些科技公司已经开始将区块链用于 DNA测序，个人付费给测序服务提供者之后，测序的数据归个人所有。同时，基因测序数据将会获得保护，掌握数据所有权之人可控制访问权限。生物、制药等企业如果要获得基因测序数据，必须经数据所有人同意。这就解决了数据确权问题。

五、未来愿景："区块链+医疗"模式前景广阔

（一）为何区块链与医疗还未充分融合

理论上讲，"区块链+医疗"模式有广阔的应用前景。然而实际上，目前区块链与医疗结合的项目不多，原因是多方面的。

首先，转换成经济利益的周期问题。医疗领域与区块链的结合，和金融行业与区块链的结合相比，最大差异在于金融行业运用区块链技术后效果明显，可以直接转换为"真金白银"；而医疗领域结合区块链技术，目前仅能表现为数字身份，将其直接转换成"真金白银"还存在一定的难度，主动将二者融合却没有直接的现实利益，难免让人动力不足。

其次，数据问题。一方面，基层数据支撑能力尚弱。作为区块链技术向外构建信任作用的基础环，目前几乎所有医院的数据都需要先对照互联互通数据标准进行整理。医疗大数据的主要来源是医院，而医院医疗大数据的汇集主要依赖于医院的信息化建设。由于医疗机构的信息化发展时间较短，从总体上看信息化覆盖程度不够。在中国，三级医院和三级以下医院、东部地区的医院和中西部地区的医院、经济发达地区的医院和经济不发达地区的医院之间的差距还比较大，特别是高集中度、高共享度的医疗信息化方案覆盖面还很小。从全国范围看，医疗软件信息化市场远未饱和，特别是欠发达地区。另一方面，医疗数据来源可靠性较差。目前将区块链技术应用于药品溯源，需要着重解决三个问题：一是产品生产源头作假与调包问题，即区块链只能作为溯源的技术，并不能解决造假和调包的问题；二是数据来源可靠性问题，也就是区块链能保证上传数据不被篡改，但不能保证数据本身真实可靠；三是利益相关方的参与率，也就是各利益相关方要有意愿参与"游戏"，引导各方数据"上链"还需要一定的宣传教育工作。

再次，技术发展瓶颈问题。智能合约的安全性目前还存在一定的瓶颈问题。区块链目前主要的缺点是延时长、交易速度慢，应用尚处于初始开发阶段。对于互联网技术，人们可以用浏览器、App 等具体应用程序轻松实现信息的浏览、传递、交换和应用，但区块链技术明显缺乏这类高效的特性，在技术层面仍然需要突破性进展。此外，医疗事业垄断和整体行业信用评价体系缺失的现状，使得医疗机构没有充足的动力发展区块链，且由于区块链属于新概念，目前多数医院管理者还处于观望、了解阶段。

最后，法律风险问题。由于各国的文化、认知、经济等存在差异，必然引发对新兴技术的态度与政策的差异。鉴于对类似区块链等新兴科技风险的未知性，目前世界各地对于区块链项目的发展都没有相对统一的管理原则和法律监管。缺乏全球相对统一标准的政策环境，也是制约"区块链+医疗"模式发展的重要因素之一。

（二）最能体现"以人为本"的价值

虽然区块链广范围地赋能医疗还存在一定的困难和障碍，但前景依然乐观，它能够缓解或解决医疗产业现有的痛点，并能推动新技术的发展。最为重要的是，它能够使技术回归"初心"，缓和医患关系，体现技术"以人为本"的价值。

区块链除了能够缓解或解决医疗痛点，还可应用于其他相关领域。在医疗保险服务领域，管理成本高，患者报销流程冗长，病历资料难以整理，利用区块链技术的智能合约，可降低管理成本，提高效率，实现信息可信、可监控、可追溯。在医美和健身领域，利用区块链可以实现健康数据实时打卡、运动数据交换共享。用区块链技术替换现有的健康数据交换工作流程中那些传统的第三方机构，可以大大提高管理效率。对于一些中小型、精细化医院及医美医院而言，进行区块链布局，可以进一步打开市场。

区块链技术不仅能够解决医疗领域现有的痛点，还能推动 AI、基因测序等技术的发展。"AI+医疗"发展的核心在于"算法+数据"。AI 产业具有高投入、高收益的特点，需要长期投资。随着区块链医疗数据互联互通程度的提升和共享机制的建立，"AI+医疗"行业将加速发展，未来可应用于疾病的诊断，并基于数据采集和分析应用于睡眠监测、临床护理、慢性病监测等多个医疗领域。区块链还可以实现基因组数据库的安全存储和信息共享，在基因组大数据的基础上，破译基因密码，推动 DNA 序列测定、基因突变及基因扩增术等一大批新技术的发展。

区块链技术的最终目的是回归到人，在医疗领域，"以人为本"则表现为协助缓和医患矛盾。

近年来，随着医疗行业的不断发展，医患关系紧张、医疗监管方面的问题时有发生。目前，我国的医疗费用支出在持续上涨，传统医疗的市场规模也在进一步扩大，看病难、看病贵，加上看病环节的不透明而产生的不信任等，导致医患关系紧张。

基于区块链技术建立的个人及医院数据库，能将患者治疗过程的内容全程"上链"，涵盖用药、住院信息、治疗方案、诊断结果等，并利用区块链不可篡改、可追溯的特点使患者与医院间形成共识共信，促使双方达成强信任，从根源上解决医患关系紧张这一问题。区块链技术与传统医疗产业的结合，有利于降低时间成本、提高服务质量，避免给患者造成巨大的财产损失和健康损失，改善患者的医疗体验，真正体现医疗行业以患者为中心的服务理念。

未来，与区块链技术高度融合后的医疗行业必将是去中心化、完全透明的市场生态环境。各种医疗机构必将接受市场的透明审判，手术量、治愈率、性价比，甚至每位医生的专业技能、服务质量、诊疗效果，全都要经过区块链的审查。这种透明性带来的压力必将倒逼医院由粗放式经营模式进入精细的现代管理新模式，使医院更加注重药品比价、患者流向、服务满意度，甚至医疗价值完全量化等。

那么，"区块链+医疗"的相关参与方应该怎么做？

"开放的心"和"数据梳理"，是当前区块链技术图景下相关参考方应做的事。"开放的心"仅是基本条件，它是指各参与方的眼光和胸怀尤为重要，因为区块链技术一定会如 20 世纪 90 年代兴起的互联网技术一样，最终成为医院常见的管理工具。鉴于未来医疗领域独具价值的数据资本，在数据梳理的过程中，应考虑选择哪些数据进入公有链，并注意应用主次。

第三章

百年大计：区块链赋能教育

区块链赋能教育，使教育行业迎来了新的发展契机。不久的将来，整个教育行业将在区块链技术的赋能下开启一次又一次的技术探索和升级。我们应抱着开放、包容的心态，做好推动区块链在教育领域落地的心理、知识和技术上的准备，积极迎接"区块链+教育"所带来的新变革。

随着区块链技术的不断发展，它对人们的生产、生活和思维的影响越来越深刻，尤其是在关乎人的生存和发展的教育领域，更是迎来了新的发展契机。区块链赋能教育，使教育资源、教学过程和学生成长档案等得以"上链"保存。教育资源的"上链"改善了教育资源短缺的现状，让不同教育条件下的学生都能受到相同的教育，促进教育公平；教学过程的"上链"，将使教师的"教"和学生的"学"变得透明与可追溯；学生成长档案的"上链"，可为促进学生的全面发展提供条件。区块链需要教育，通过教育能够普及区块链技术；而教育需要区块链，目的是突破和超越传统教育之局限，使教育迎来新的发展——教育是时候与区块链技术进行融合了。

一、技术普及：区块链需要教育

教育是一种有目的、有计划、有组织地传授知识和技术规范等的社会活动。教育的重要价值在于帮助国家和社会培养具有高尚道德、遵纪守法、博学多才和多专多能的综合型人才，为国家和社会创造更多的物质财富和精神财富。与此同时，在某个特定领域培养特定人群成才，也是教育不可忽视的一个方面。譬如，在当今区块链技术不断发展的社会背景下，教育为区块链技术的发展输送了大量人才。从目前区块链技术发展现状来看，区块链人才的巨大缺口，正是教育大有作为之处。

2018 年被称为区块链的"投资元年"。智联招聘大数据显示，2018 年，招聘区块链相关人才的企业，即涉猎此项技术的企业数量猛增，2018 年第二季度同比增速达到 1 152.77%，随后逐渐降温，招聘企业数同比增速逐季下降，招聘人数也呈相同变化趋势（见图 3-1）。

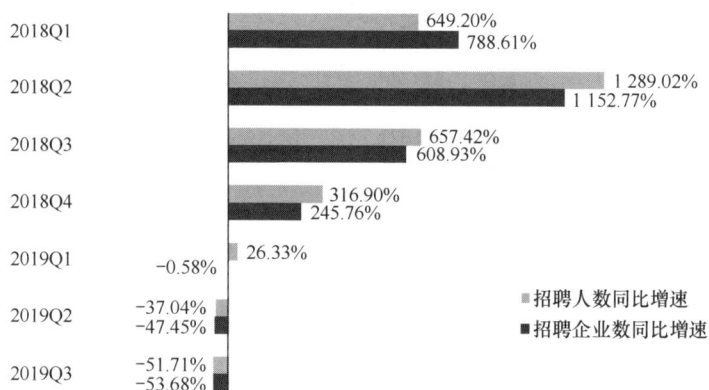

图 3-1　区块链人才招聘需求变化[1]

公开资料显示，2019 年第三季度，互联网/电子商务和计算机软件行业对区块链人才的需求在所有行业中所占比例分别为 37.14% 和 14.45%，需求占据主流（见图 3-2）；深圳、上海、北京区块链招聘人数占比分别达 21.07%、16.07%、13.9%。总体来看，到目前为止，仍然还有很多区块链人才岗位"无人认领"。

然而，由于区块链属于新技术，拥有相匹配的知识结构和工作经历的人员较少。根据全球权威咨询公司 Gartner 于 2020 年公布的数据，全球区块链人才缺口在未来 5 年也许会超过 500 万人，而中国的区块链人才缺口将达到 75 万人。因此，培养区块链技术人才尤为紧迫。

---

1 中国新闻网. 区块链商业化应用逐渐上正轨 平均招聘月薪达 1.63 万[EB/OL]. (2019-11-01) [2020-07-13]. https://baijiahao.baidu.com/s?id=1648995871763613997&wfr=spider&for=pc.

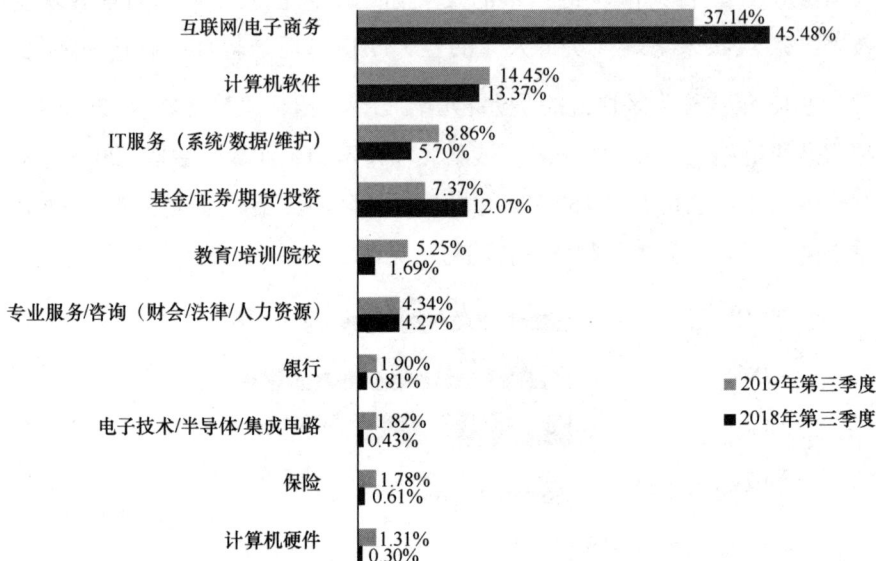

互联网/电子商务　37.14%　45.48%

计算机软件　14.45%　13.37%

IT服务（系统/数据/维护）　8.86%　5.70%

基金/证券/期货/投资　7.37%　12.07%

教育/培训/院校　5.25%　1.69%

专业服务/咨询（财会/法律/人力资源）　4.34%　4.27%

银行　1.90%　0.81%

电子技术/半导体/集成电路　1.82%　0.43%

保险　1.78%　0.61%

计算机硬件　1.31%　0.30%

■ 2019年第三季度
■ 2018年第三季度

图 3-2　2018 年第三季度与 2019 年第三季度区块链招聘需求行业结构变化[1]

值得一提的是，国外不少学校已开发了许多区块链课程，如斯坦福大学、哥伦比亚大学、麻省理工学院等学校均已经开设有关区块链的课程并成立相关的实验室。

从国内来看，目前浙江大学、清华大学、北京大学、同济大学、上海交通大学、复旦大学、武汉大学等高校已开设区块链相关课程并成立相关的实验室。人民教育出版社等已建立数字研发团队，在北京、天津等地区建立了数字化教学试验区，密切跟踪云计算、大数据、互联网、人工智能、区块链等新技术。不难看出，区块链与教育密不可分，或者说区块链教育势在必行。只有不断进行与区块链技术相关的教育活动，才能源源不断地为区块链技术的发展提供丰富的人才资源。

2019 年 6 月 30 日，全球第一个区块链学院在江西软件职业技术大学

---

1 中国新闻网. 区块链商业化应用逐渐上正轨 平均招聘月薪达 1.63 万[EB/OL]. (2019-11-01) [2020-07-13]. https://baijiahao.baidu.com/s?id=1648995871763613997&wfr=spider&for=pc.

举行了揭牌仪式。江西软件职业技术大学区块链学院在软件工程、信息安全与管理、电子商务三个本科专业开设了区块链方向，2020年开始招收本科生。此外，2020年3月4日，全国首个"区块链工程"本科专业落户成都信息工程大学。各个大学设立与区块链相关的专业课程，其实是在将教育活动与区块链技术进行"捆绑"，旨在从区块链对教育的需求层面入手，不断地对其需求进行专业化的满足。

因此，不难看出，区块链技术的发展，急需教育行业的参与。一方面，区块链急需通过教育的途径为其发展输送人才；另一方面，区块链需要教育还体现在知识的传递方面。教育活动通常能够系统且全面地普及区块链知识，如果能够持续推进区块链教育，就能宣传普及区块链技术的相关知识（诸如区块链的概念、特征、技术架构、底层应用逻辑和具体的应用案例等）。从影响的广度和普及的深度来看，在区块链技术的应用和普及方面，教育一定是作为"必需品"出现的，并且是无可替代的。

二、行业提升：教育需要区块链

教育"培育"区块链，区块链又会对教育产生什么样的影响呢？实际上，教育可以利用区块链技术去中心化和不可篡改的特点来推动其改革。

（一）数据采集跟踪体系：了解分数之外的潜力

数据采集主要分为两类：一是采集学生的数据；二是采集学生以外的

其他主体的数据。

对于学生而言，中国的教育体系特别是义务教育及高中教育主要是以成绩作为硬指标来评价学生学习情况的。在基于区块链技术的学生信息采集系统中，运用分布式数据结构存储系统，学校可以直接获得学生以往就读学校对该学生的评分，而不必重新搭建另外的平台。学校或教师能够在区块链系统中查看学生曾经的表现，包括学习成绩、日常表现，从而更加全面地了解学生，做出更为客观的评价和判断。

应用区块链技术可有效地对学生学习过程的创造性成果和学习记录进行链上存证，同时，智能合约可对每个学生的学习记录进行可视化展出，这份对学习过程的真实记录将成为学习成果的证明，这比应试成绩、学历证书更加有效。当学习过程等于学习成果时，教育的质量将大大提升，教育也将逐渐回归本质。

同时，区块链技术可以使对学生的评价更加公开透明，有效规避"暗箱操作"。另外，"区块链+教育"可以发挥区块链匿名性的优势，打通教育领域的数据孤岛，让学生、家长、学校、监管部门、科研机构等共享数据，调整优化数据"源头"，做到对每位学生"因材施教"。

对学校而言，区块链技术可以大大节约保存学生档案记录的成本，并且大幅提高保存的安全性。有关部门数据显示，2019 年，中国教育信息化市场规模约为 4 300 亿元，其中财政性教育经费大约占据了 75%的份额。由于区块链技术的"天生"优势——支持存储记录，并能将资产数字化，且不需要增加任何其他的基础设施和安全成本，因此使用区块链技术能有效减少财政支出，并能确保学生档案记录的数据安全。当将区块链技术运用于在线教育时，教师授课、学生听讲的教学记录数据全部在系统内留痕，能够实现教师评价、学生反馈和教学互动的透明、公开、可信，排除人为因素的介入，提高教育管理效率。

（二）学术认证维护体系：打击学术造假

在信息技术高度发达的今天，零成本的"复制、粘贴"已成为众多网民获取信息的手段。与此同时，教师、教育专家等原作者面临着自己的网络课程、电子素材等被复制盗用的风险，这一现象严重影响了创作者的积极性。

教育界目前存在一些弊端。例如，时隔多年，某个寒窗苦读的学生发现自己被别人冒名顶替上学；某位教师加班加点、辛辛苦苦地调研、收集材料、整理写出的论文，最后被别人署了名……这些事件在社会上造成了极其恶劣的影响，践踏了学术的尊严，降低了公信力。之所以出现这些问题，主要原因一是传统教育服务被学校或某些机构垄断，从而导致信息不透明及完全中心化的管理模式；二是人们对学术知识产权保护的意识薄弱，从而让不法之人有机可乘；三是抄袭人员的道德诚信修养低下。这些事件也让我们不得不思考除了加强道德诚信教育，如何利用技术、法律来规避这些行为。

对此，区块链可以依靠非对称加密算法加强对知识产权和版权的保护；对教育资源的数据进行精确的搜寻、跟踪和获取，从而能够从根源上杜绝剽窃、抄袭事件的发生，进而精准打击学术造假。

区块链不仅有利于打击学术造假，而且有利于证书认证。在经典著作《围城》中，钱钟书先生就写到主人公方鸿渐留洋海外归来，一事无成，考虑到颜面问题，归国前花钱买了一个"克莱登大学"的学历，回国后招摇撞骗，屡试不爽。时代发展至今，造假者虽然不敢明目张胆地瞎编一个并不存在的"克莱登大学"，但还是有可能伪造学历证明的。

有人会说我们已经有了学信网，能够用互联网技术解决学历造假问题，但很多例子告诉我们，即使有学信网的存在，依然无法杜绝学历造假。

公开资料显示，不法分子可以通过"查询同名同姓的毕业生""利用学信网漏洞解码获得包括毕业证编号在内的全部信息""制作毕业证、学位证和学籍档案"等几个步骤完成学历造假。

目前，针对社会上存在的学历造假问题，区块链可以建立学位证书系统，在全球范围内解决学历造假问题。利用区块链的可验证性、防篡改性等优势，将毕业证、学位证等文凭放置到区块链数据库中，能够保证学历证书的真实性，使学历验证更加有效、安全和便捷。如果存在造假，学历信息就无法"上链"，且人们容易发现在哪个环节出现了信息不一致，这样就轻松、有效地解决了学历造假问题。这不仅使学历验证方便快捷，还能够节省人工颁发证书和检阅学历资料的时间与成本，以及学校搭建运营数据库的费用。因此，区块链或将成为解决学历造假的完美解决方案。

2017 年，麻省理工学院通过区块链向毕业生颁发了虚拟文凭，毕业生通过手机接收有关文凭的信息。与传统纸质文凭不同，区块链文凭永远不会消失，而且文凭也永远不会被篡改、伪造。无论你到世界哪个角落，证书都将"货真价实"地留在你身边。

2020 年年初，教育部教育卡国家标准工作组公开介绍"教育立方链"。教育立方链可以使不同链使用统一的用户身份，为"学籍链、学历链、证照链"等应用子链实现基于可信身份授权的数据跨链流通提供支持。可信教育数字档案链是教育立方链的应用链，将在改革后的中高考考核中发挥重要作用。

目前，除了学校，一些教育机构也正尝试将学习认证记录"上链"，为查询者提供快捷、可信的数字证书。区块链技术不仅为在线教育提供了具有公信力、低成本的证书体系，而且为大学生的大学英语等级证书、计算机等级证书、毕业证书等验证提供了方便。倘若所有学校和培训机构都应用区块链证书认证体系，实现学历证书的公开透明，则将给学校、学生、教师带来便利，也将给用人单位聘用人才带来便利。

此外，利用数字化的区块链文凭可以消除对传统中心化的票据交易所或大学作为签发成绩单的中介的需求。如果把所有的证书和徽章都存储在区块链上，那么在不同大学、科研院所，甚至用人单位之间迁移、共享这些数据就会变得更加容易，学分、证书等"文凭"因素的转移就不再成为各个主体之间实现共享的阻碍，这将大大简化流程。

（三）平台学习认证体系：我知道你一直在学习

一直以来，面对面授课的教室是教育的最佳阵地，学生通过教师面对面的"传道授业解惑"获取知识。然而，随着时代的发展，只有做到教育方式多样化，才能让学生更便捷、更有效地获取知识。21世纪初，麻省理工学院提出了Open Course Ware，把其所开设的全部课程的教学材料和课件公布在网上，供全世界的求知者和教育者无偿使用。全世界教育公开课的浪潮从此被掀起，学校教育方式得以延伸，学生获取知识的途径变得更加多样，远程学习成为学生青睐的教学方式之一。

据不完全统计，在我国，教育部已组织20多个在线课程平台，并免费开放2.4万余门在线课程，覆盖了本科及专科多个学科门类和专业大类，慕课资源成为接受高等教育的学子利用碎片化时间学习的重要资源之一。

此外，远程教育对于企业培训教育、社会人士继续教育也非常便利。我们常常提及的在线教育成为延伸课堂教育的另一个重要阵地。如果能够利用区块链、人工智能、大数据等新一代信息技术不断优化在线教育体系，不仅有利于在线教育市场的开拓，也有利于补充和优化传统教育。

（四）支付交易体系：透明的教育资金

"区块链+交易"在教育领域具有重要的应用价值。譬如，一些学生曾有过在购物平台购买考研、考博或考公务员等学习资料而被骗的经历。随着"终身学习"的概念深入人心，很多在职人员为进一步提升自己会进行自学，但有时会因为供应商天花乱坠的广告词而上当受骗。应用区块链技术能够打造一个智能化的公共教育资源交易平台，去除中间商这一环，借助智能合约技术，实现资源与服务每时每刻自动交易，有效避免交易诈骗，从而既能维护学习者的权益，又能维护供应商的名誉。

消费者在平台发出购买信息后，区块链系统会根据智能合约的规则自动将对应的学习资料发送给消费者，交易流程公开、透明、不可篡改，一旦一方出现欺诈行为，其他参与者都将知晓。区块链介入教育资源平台交易，不仅能够保证服务质量，还能够实现学习者与培训机构、学习者与教师、机构与机构的"去中心化"交易，大大提升交易的安全性和及时性，同时大大节省了中介平台的运营与维护成本。

教育公益也涉及交易。教育公益领域目前主要存在"难以对全流程进行监管""资金去向不明""捐赠人在慈善行为之后获得的精神激励不足"等问题。区块链在教育公益领域也能大显身手。比如，蚂蚁金服曾经运用区块链技术帮助听障儿童获得一笔善款，让教育公益事业更加开放透明。得益于蚂蚁金服的区块链技术，爱心人士捐的每笔钱都会形成对应的一个包裹，包裹通过区块链平台进行传递，每经过一个节点都会盖上一个"时间戳"，直到送达受捐人手上。这样，爱心人士捐的每笔钱都是透明、可追溯、难以篡改的，大大避免了钱款不透明的尴尬，增强了捐款者的信心，鼓舞了更多捐款者参与教育公益。

三、用武之地：教育的痛点与区块链的优势

区块链作为分布式数据存储、点对点传输、共识机制和非对称加密算

法等技术的集成应用，早在 2016 年就被写入国务院发布的《"十三五"国家信息化规划》。2016 年 10 月，工业和信息化部发布《中国区块链技术和应用发展白皮书》，指出区块链系统的透明化、数据不可篡改等特征，完全适用于学生征信管理、升学就业、学术、资质证明、产学合作等方面，对教育就业的健康发展具有重要的价值。2019 年 3 月，国家互联网信息办公室发布了境内区块链信息服务备案清单（第一批），教育相关服务者被列入其中。2019 年 10 月，国家再次强调了区块链的发展方向，积极推动该技术在教育、就业等领域的应用，使区块链再度走进大众视野，成为金融资本、实体经济和社会舆论共同关注的焦点。

现在，我们需要思考的是，传统教育行业存在哪些问题？如何用区块链解决这些问题？

（一）起跑线上的公平

我国幅员辽阔，人口众多，各地区发展水平不平衡。发达地区的经济实力和教育理念都处于领先地位，教育投入自然大于欠发达地区，这也导致了教育资源分配不均衡。欠发达地区经济发展水平落后，导致教师在职培训困难，工资待遇不高，迫于生活压力和追求更好的发展平台，教师流向发达地区的现象较为明显。此外，优秀教师多会选择发达地区的重点学校任职，这也造成了城乡之间、重点院校与普通院校之间的师资差距，形成了"强者愈强、弱者恒弱"的局面。师资队伍是最重要的教育资源，师资力量的分布不均衡导致学生受教育的差异较大。

教育资源不平衡是教育界最难攻克的问题之一。互联网平台这趟列车驶入教育市场之时，"普惠"成为宣传口号，但并没有真正解决教育资源不均衡的问题。

区块链重要的一个特点是共识机制，"教育链"的每个节点将积极主动地向同一个方向前进。因此，建设基于区块链技术的区域教育新生态，必须分阶段实现教育均衡发展。比如，以市级教育资源均衡发展为目的，对区级、县级教育数据进行采集和分析，掌握区域内所有学校和教育单位对教育均衡发展的评估数据，实现对教育的动态监控，有利于完成整体教育体系的测评。在此基础上，可视化的教学资源分析将推动教育资源的再分配，实现教育资源均衡。

区块链的点对点传输机制，能够省去中间环节，优化教育业务流程，实现高效、低成本的教育资源交易和共享。经济差距所造成的教育差距，归根结底是因为教育资源分配不均衡。那么不妨打造一个点对点传输的区块链教育系统，将所有教育资源"上链"，让学生能够在这个系统中通过支付较为合理的费用进行资源共享和学习，这样既能有效提高资源利用率，又能有效解决"资源孤岛"问题。鉴于涵盖学生的范围广、数量大，资源提供者和创造者的收入也会有很大提升。

（二）科学"评价"师生

目前，在教学活动中，教育监管部门、科研院所管理机构难以获取学生对教师及其原创教学资源的客观评价；教师原创教学资源受欢迎程度的表征数据也难以在全国全网范围内得到精确统计；资源沉淀效率低，鱼目混珠，差的资源可以通过内部交易、刷单成为"好"资源，导致"劣币驱逐良币"的负面效应，打击优质资源原创者的积极性。

将区块链技术融入教育行业，激励教师创作和分享教学资料。各级各类教育单位，以及部分相关的核心企业，按照统一的协议形成教育链平台，每位教师都可将自己的原创教学资源（包括课件、教学视频、原素材、教学设计等）发布在教育链平台上，学生每使用一次即可显示一次"交易"，在资源传播和使用过程中，每个节点的使用数据都可追溯、可留痕、可考核。

不仅对于教师的评价，对于学生的评价，区块链也能发挥类似的作用。也就是说，应用区块链技术可以形成对教师和学生的客观评价体系，有利于教学行为数据的收集和分析。教师可以通过区块链发布自己的授课需求，学生也可以发布自己的学习需求。因为区块链系统数据具有无法篡改性，所以无论是教师对学生的授课资料，还是学生对教师的评价，都能够保证客观真实。

（三）激发潜能

我国教育行业目前存在一种现象：小学、中学的教学管理相对严格，评价方式大多为"以分数论英雄"，不能很好地激发学生的自主性和创新性，限制了学生的发散思维和创造意识；而大学管理相对宽松，学生的自学能力差导致其专业知识匮乏，创新意识不强导致其创造力弱。这种模式既不利于大学生就业，又不利于创新型人才的培养和输出。

兴趣是最好的老师。不依据分数选择专业，而是根据兴趣、爱好和现实需要选择专业，这种模式能够有效激发个人潜力，最大程度地发挥个人特长，有利于培养个体差异化和具有创造力的人才。"链上学校"能够为大学生提供更多元、更广泛的自主选择和更合理的时间调配。

我们还可以从理论和实践的角度探讨"链上教育"的优势。"链上教育"可以浓缩课堂的教学时间，将更多的时间放在学术研究、创新能力培养和实践经验总结上，做到人尽其能、物尽其用。一方面，理论派可以按照兴趣，深化理论探讨和知识挖掘，并在链上进行分享和记录；另一方面，实践派可以在校外企业进行实战，将理论与实践结合，并将学习、工作建议分享给更多同学，将更好、更多的建议和创意反馈给企业。

2018 年 4 月，一群来自牛津大学的学者创办了世界上第一所区块链大学——伍尔夫大学。与其他传统高校不同的是，伍尔夫大学没有实体校园，它是一个允许教师向学生分享专业知识的应用平台，学生可根据需要和兴趣在伍尔夫大学自由选择专业课程。学校全部通过区块链平台进行管理，区块链技术将用于监管合同、支付学费、记录学生的学术成就和学分等方面。学生修满学分，便可获得学位证书。

在新冠肺炎疫情期间，我们不仅发现了区块链给学生带来的便利，也发现了区块链在激发学生兴趣方面的优势。疫情阻挡了高校学子如期返校的步伐，却阻挡不了高校在线教学的有序开展。直播授课、在线培训、远程辅导等，使学生处于"停课不停学"的状态。截至 2020 年 3 月 26 日，由火币大学联合知链科技、链人国际等区块链产业和服务机构推出的区块链普及教育公益课程得到了高校及社会各界的广泛关注，上线仅一个月，申请课程的院校已经达到 400 多家，累计上课数达到 10 万人次。

疫情发生后，教育培训行业，特别是线下教育机构遭遇冲击，线上教育机构迎来新机遇，越来越多的教育企业开始思考疫情后的发展方向。近年来，正保教育不断加大对线上部分的技术研发，将人工智能、区块链技术相继引入教学产品中，给教育赋能。同时，基于区块链技术推出的"高校共建自学考试网络助学平台"，为高校打造了真正的继续教育信息化管理平台，对个人的职业规划提供了可靠的数据支撑。

（四）教育培训市场中的"保质保量"

目前，教育培训市场存在一些乱象，涉嫌合同欺诈、合同陷阱、法律纠纷等。比如，对于价格高昂的"保过协议"班，虽然合同中约定"不过保退费"，而在现实生活中，"不过不退费"或推诿扯皮的情况比比皆是。"未按合同约定完成课程""不可抗力""再观察一段时间"等理由五花八门，令人啼笑皆非。有的培训机构，甚至不给任何理由，只简单明了地表示"就是不退，爱咋咋地"。此外，培训机构的考试通过率、评价造假现象较为普遍，严重误导学员或家长的决策和购课判断。面对这些情况，一方面，学员或家长通过法律手段解决，耗时耗力，严重干扰学员的正常学业和家长的工作；另一方面，法院也面临取证难的问题。另外，对于许多合规合法的培训机构来说，也存在被不良竞争对手恶意交易和差评的问题。

为避免以上情况发生，可以基于区块链技术，构建教育培训市场管理系统，建立新的合约体系。在该体系下，学员和培训机构的有关数据"上链"，实时公开合约结果，学员或家长能动态获取真实的考试通过率数据和真实的课程评价。

学员和培训机构等参与主体分别按照合约的协议支付学费或保证金，达到智能合约设定的条件时，合约自动执行。比如，学员和培训机构分别支付预付款和保证金到智能合约系统，合约生效。合约系统通过查询成绩平台核验分数，如果学生考试达到规定的成绩标准，智能合约自动扣除学费并退还保证金；如果学生未达到规定的成绩标准，则退还学费并扣除保证金。同时，对涉嫌欺诈的违约方可以自动向征信系统发送数据，使得法院等调查方取证也较为容易。通过智能合约实现的交易无须类似银行、微信、支付宝等第三方中介支付平台的参与，可以实现学习者与授课者之间的去中介化、点对点交易，从而提高效率，节约成本。

在教育领域，在线教育平台是"上链"性最强、最具备生态搭建条件的子行业。正保教育沉淀行业多年，产业链布局较为完整，用户沉淀基础深，正保教育推出的"Link100 职业能力链"是国内首批备案的教育区块链项目之一，其利用区块链去中心化、可验证、防篡改的技术特性，将个人职业能力证书、教育培训过程等数据写入区块链，并提供共享及认证服务。其基于先进的区块链技术，打造职业能力链的生态系统，构建一个去中心化的职业能力共识生态。区块链证书具有很强的公信力，而正保教育的"Link100 职业能力链"基于多家机构（联盟链）建立区块链记录证书平台，提供证书防伪、证书保存等服务；可以反映个人的职业技能，对人才进行优选，对个人的职业规划提供可靠的数据支撑。

四、迎接挑战：区块链教育应用的未来

区块链技术在开放教育中具有广阔的应用前景，但总体来说，区块链难以直接应用于教学场景，更多的是为教学活动提供技术护航。

目前，将区块链应用于教育行业还存在一定的困难。

一是技术问题。例如，数据存储受到单节点存储容量的限制，共识协议所支持的节点数目偏少，缺乏面向教育规章制度的高效合约模式及执行方法，数据在多方间的公开使对用户隐私保护难以实现，轻客户端使验证查询功能受限，等等。以上问题仍然是目前教育现实情境的技术问题。

二是法律法规体系不完善。根据境内区块链信息服务备案清单（第一批），我国区块链技术的应用主要在金融领域，取得备案编号的 197 个项目中仅有 3 个分布在教育领域，由此可见区块链在教育领域的实践经验还很少。另外，在教育领域推广区块链也存在一定的阻力，这种阻力主要来自区块链的去中心化属性与传统教育管理机构的中心化属性相冲突。由于缺乏完善的法律法规体系保护，传统教育管理机构会考虑利益问题而持谨慎态度，甚至"排斥"区块链的运用。

三是数据所有权、使用权与利益分配不平衡的问题。由于区块链的去中心化属性，区块链数据不属于某个主体，而是属于教师、学生和教育管理部门等数据生产者。因此，区块链数据的运用难以透明化、合理化。

四是系统网络容量小，数据存在泄露风险的问题。随着区块链的广泛应用，越来越多的学生及教师的数据需要及时存储，但目前的技术还不能完全记录这些数据。除了容量问题，还有数据安全问题。例如，为解决数据孤岛困境建立开放式教育资源系统，这个系统存储着大量课件、文章、素材等教育资源，一旦系统出现问题，就会导致大量的教育资源泄露，其后果是非常严重的。

我们不仅要看到区块链应用于教育行业存在的实际困难，还要看到其未来的挑战。

针对区块链技术在教育行业的应用前景，区块链研究者认为需要认真考虑以下问题。

一是学习能否交易。即便是在金融领域之外，区块链的用途依然是记录各种交易。那么，教育领域的交易是什么？是完成课程、通过考试、发表论文、出版书籍，还是对所学内容的点赞或收藏？同时，在记录上述交易活动时，学习者具体得到什么，又具体失去什么？

二是如何解决教育区块链中的信任问题。区块链技术的广泛应用直接冲击银行、清算公司等以信任为基础的传统机构，也会冲击微信支付、支付宝等现代化支付模式，形成对全社会信任机制的重构。另外，在教育区块链中，学生所掌握的知识、技能、证书、文凭等只有经过认证才具有可信度。但是，区块链技术如何验证颁发资格证书的机构呢？如果仅仅按照交易量进行激励，相当于变相鼓励这些机构滥发证书。

三是不可篡改的挑战。人们是否真正需要永久保存的、不可轻易篡改的教育信息？知错就改的孩子，是否希望别人提及区块链已经记录的其年少时所犯的错误？学习是一个人成长的过程，而永久保存的、不可轻易篡改的学习者个人信息有什么意义和价值？我们应当如何处理？

当然，还有一系列的疑问。例如，教育数据的所有权问题尚未明确，在这种情况下，学习者如何管理并保护区块链中的个人隐私；学校有权将区块链中的学生数据卖给其他机构吗；一旦区块链数据公开引发其他问题，谁应该对此负责，等等。因此，即便教育领域对区块链技术持乐观态度，相关研究者依然要谨慎思考以上问题。

尽管区块链技术在教育领域的应用面临众多挑战，但毋庸置疑，区块链赋能教育领域且革故鼎新的趋势越来越明显。全球众多教育部门、培训机构和科技企业都已开始投入资源,探索区块链技术在教育领域的应用。我们应该做的是,抱着开放、包容的心态,做好推动区块链在教育领域落地的心理、知识和技术上的准备,积极迎接"区块链+教育"所带来的变革。

第四章

"舌尖上的安全"：区块链食品溯源与追踪

民以食为天，食以安为先。如何利用包括区块链在内的新一代信息技术打造食品安全供应链平台，保障人民群众"舌尖上的安全"，已成为一个重大的民生问题。

民以食为天，食以安为先。食品安全关系到人民的健康和社会的稳定。食品安全问题向来是各国高度关注的问题。时代在进步，人民的生活水平在提高，人们对食品不再仅要求满足"温饱"，而是要求更营养、更健康、更安全。在互联网高度发达的今天，食品安全问题不仅对国家治理提出了挑战，也给食品企业的经营带来了挑战。如何利用新兴技术，尤其是大数据、人工智能、区块链等新一代信息技术打造食品安全供应链平台，保障人民群众"舌尖上的安全"，已成为一个重大的民生问题。

一、食品之道：不仅要色香味俱全，更要安全第一

（一）让食品来源不再是个谜

消费者越来越重视食品安全，越来越希望享有食品安全的知情权。例如，消费者想知道自己食用过的食品来自哪里，食品是否是以环保的方式或合乎安全标准的方式生产的，是否具备高品质，是否来自无污染的绿色产地。

普通消费者并没有按专业标准去验证食物生产的安全性、环保性，也没有必要费尽周折去查清食物的生产是否按照标准工艺制作，以及吃进肚子的食物是否百分之百安全。实际上，人们食用某种食品，不得不对该食品安全链的完整性、食品二维码标签的真实性给予高度信赖。

不仅消费者关心食品安全，食品供应商也十分关心所加工食品的安全性，因为这是硬指标，它决定着一个食品企业的生死存亡。食品安全问题会导致食品企业食品召回、品牌形象受损、市场份额萎缩及利润降低，损失巨大。失去消费者的信任不仅会给个别企业，而且会给整个行业带来毁灭性的打击。

当然，政府也十分关注食品安全。相关政府部门不仅希望能够满足消费者的偏好、保障产品供应商的利益，也希望能够确保并促进食品安全和公共健康。食源性疾病和食品污染对社会稳定与人民健康危害极大。食品安全已成为公众较为关注的重要话题，已经成为我国公共政策关注的重要舆论点。各级政府也在推动立法，进行相关机构改革，不断加大执法力度，并日益健全食品安全监督追溯体系。

食品欺诈是食品安全事件产生的重要原因之一。互联网的诞生和发展，以及全球化食品贸易的快速增长扩大了包括原产地欺诈在内的食品欺诈的深度、广度，产生的影响也越来越大。食品欺诈类型很多，或蓄意替代、添加、损毁食品，或对食品配料、外包装进行虚假宣传、不实描述，或对食品的地理产区、生产工艺、资质资格进行虚假描述。比如，将非山东苹果的地理产区不实地写上"山东烟台"，打着有机食品的旗号售卖机械批量化生产的食品等。由于消费者心甘情愿为特定的食品支付费用，交易也因此产生。当虚假文件做得像真的一样时，消费者将很难发现这类食品欺诈。

另外，食品运输问题关系到人们能否享用来自世界各地的新鲜美食，影响到食材的新鲜度。比如，日本一直对渔业非常重视，可以说，日本是世界上渔业最发达的国家之一。优越的地理位置和"善意的"潮暖流，使日本渔场发展成为世界三大渔场之一，鱼类资源相当丰富。鱼是所有日本人饮食中必不可少的食材，已成为日本人饭桌上的重要成员。

日本在没有掌握活鱼运输装备技术之前，只能出口大量死鱼，活鱼只占很少一部分。由于活鱼的价格要比死鱼的价格贵一倍还多，因此为了突破这一瓶颈，日本政府可谓想尽了办法。另外，大量的人工捕捞成本和海域维护成本也让日本政府十分头疼。

如今，活鱼运输装备技术的出现让日本渔业触达世界各个角落，它不仅解决了活鱼运输的问题，还让更多的日本海产品走向了世界。从一定程度上讲，对于日本而言，发明活鱼运输装备技术，不亚于一场工业革命。

然而，不是解决了活鱼运输问题，就解决了以鱼为原料的各种食品的安全问题。在鱼的运输过程中，还有很多公司与个人服务于鱼类产品的各种环节。日本的鱼从海域中被打捞出来后，被运输到工厂进行加工，转换成鱼罐头、鱼子酱、烤鱼片等食品样态。随后，活鱼和鱼类食品通过陆地运输工具被送到远洋货轮，然后被运输到消费国的边境海关。然后，这些活鱼和鱼类食品通过消费国的公路、铁路或者水路等，一直被运送到产品的目的地。

整个食品运输环节，几经易手，多次交接，经手的供销商数量很多。在这种情况下，我们不容易辨别这些活鱼和鱼类食品使用的鱼是来自印度洋还是太平洋，是人工养殖还是自然野生。这些食品来自哪里，成为消费者、运输者、销售者等各个参与者心中的一个谜题。

（二）展现食品本真的信息

回归区块链技术在食品安全中的作用这一主题。目前，不仅是渔业，传统的农产品、现代的加工食品的运输往往也是不可控的，一些食品的销售环节甚至是一个"黑箱"。这些食品的生产端和销售端之间永远隔着一个无法透明的运输通道。消费者只能通过商品的包装来了解食品，判断它的安全性。

但是，区块链技术可以让食品展示出本真的信息。可将区块链像普通的二维码一样贴在产品上，但与二维码不同的是，区块链具有不可复制性，人们可以伪造一个条码，却无法伪造区块链。区块链可使传统食品运输得以有效追溯；所有在农产品的增值流通过程中产生利益关系的人，都可以紧密围绕同一个区块链进行操作；所有参与者都可以使自己的食品信息甚至流程数据"上链"。这样，生产链之外的人也可以了解食品经历的每个环节，从而对食品安全更放心。

近年来，区块链技术逐渐成为政府相关部门促进食品安全的重要手段之一，区块链研究也是许多讨论食品安全、追溯食品来源的前沿课题所关注的重点。据此发展趋势，区块链技术很可能实现食品供应链的端对端可视化，从而为食品安全保驾护航。

二、优势之处：保障食品安全的"钥匙"

（一）应用区块链保障食品安全

根据世界卫生组织的不完全统计，全球每年近10%的人因食品安全问题而患病，近50万人因食品安全问题而死亡。由于无法追溯食品的源头，当食品安全问题出现后，得不到及时有效的控制——问题不断累积，而谜底很难揭开。

从整个流程来看，区块链是节点相互关联的一条链，如果单个问题处理不规范，整条链将受到影响，甚至会断裂。比如，在食品供需链中，运输成本与物流服务质量高度不匹配，根源在于食品供应的整体布局、物资的供需预测、分配量等方面规划不合理。同时，食品供需链属于较典型的功能性供应链，供应链的主体设计在于兼顾各个环节，以此来实现宏观布局。

数据体系分散复杂、记录载体易丢失、信息易出现错误等，是传统的食品安全溯源系统一直未能很好地解决的问题。区块链技术作为一种更现代化的记录方式，能够较好地解决这一系列难题。同时，区块链的应用将大大提升食品供应链的透明度，改善食品召回和验证等过程，强化整体监管，提升食品的安全性，提振消费者对食品安全的信心。

目前，越来越多的企业对区块链食品溯源达成共识。比如，京东、IBM和电子商务交易技术国家工程实验室合作建立了我国首个安全食品区块链溯源联盟，其目的在于探索区块链技术在食品可追溯性和安全性等方面的应用，提高我国食品的监管力度和透明性，让食品安全更有保障。

2017 年 12 月，京东与沃尔玛、清华大学、IBM 等生态链伙伴共同建立了我国首个食品安全区块链的溯源平台。

利用区块链技术，溯源系统把食品数据记数据链条，并对食品数据进行加密保护和有效验证，保证参与区块链的实体都能清楚地看到每个环节，且食品数据不会被人为篡改。通过对区块链技术的应用，京东用户在购买商品后，只要扫描产品上的溯源码，就可以查询产品信息。京东商城副总裁于永利表示，区块链技术非常适合食品安全的溯源。以科尔沁牛肉为例，通过所购买牛肉的唯一溯源编码，用户可以看到牛肉的原产地、喂养饲料、加工厂企业信息、屠宰信息等。

区块链技术与食品行业的融合，可以帮助食品公司更精准、更高效地追溯问题食品的源头，在提高食品安全保障水平的同时，帮助企业减少财务、信誉损失。

（二）食品数据"上链"有何重要性

食品的交易流程涉及农产品生产者、食品制造者、交通运输提供者、仓储或加工设备提供者、批发商、经销商、零售商、餐饮服务提供商等多个主体。在传统食品供应链模式下，尽管交易双方的供应链会出现不同程度的数据整合，所有参与主体都保留了自身的数据，便于追踪自己获取或供给他人的食品，但在很多情况下，人们仍旧使用信用证、运货单等实物文档传递信息。交易方需要及时核对相关账本，认定彼此的数据具有完整性。若相关文档缺失或遗弃，后续进程就会受到影响，进而造成利益损失。

当人们构建区块链来验证、统计地域和生产模式时，相关参与者很大程度上构建的是私有链而非公有链。公有链向大众开放，而私有链的限制较多，其中验证过程只能由已通过系统认证的极少数人完成。私有链与公有链最大的区别在于，私有链不用过多考虑可扩展性的问题，而公有链需要海量的数据计算。

食品公司可将与物联网相关的标签贴到食品上，一个识别码对应唯一的食品。这些标签与产品的来源、相关数据、存储条件等信息相互关联。在供应链的每个节点，我们都可以通过标签简单、便捷地"记录"产品，从而实现跨地区追踪产品。而在传统食品供应链模式下，交易的各方需要相互投递纸质文件进行验证。显然，通过对比，区块链技术简化了流程，显著提高了效率和准确性。

区块链在食品安全领域还具有审计作用。区块链是一个去中心化、分散化的账本，采取多点记账，交易双方之间的审计更为方便、准确。区块链的审计过程，也是食品溯源的一种方式，能够提升消费者的信任，同时减少不必要的风险。

例如，广东省率先提出结合区块链技术溯源农产品，运用区块链技术保证人们"舌尖上的安全"。广州市市场监督管理局将食品安全监管与互联网技术深度融合，在国内首先打造以区块链、AI、大数据、云计算为核心技术的广州市食用农产品溯源平台。截至 2020 年 3 月 24 日，广州市通过该平台覆盖 90 家市场的 8 018 个经营主体，实现了对全市 90 家农贸市场的线上巡检，农产品流通追溯凭证达 465.7 万单，日均商户上报率达95%，日均排查异常票证占总票证的 5%，极大地提高了日常追溯数据的上报质量，全市未发现系统性、区域性食品安全风险。"区块链+食品安全"取得了良好的成效。

直观地说，区块链是一个准确、安全的记录框架，能访问库存网络中的每个节点，销售方、制造方等都被包含在里面，其共同记录当前和以前的每项交易的所有数据。对所记录数据的每次更改都必须经过区块链规则的审核，所记录的数据具有更高的可靠性。

沃尔玛是美国食品零售商中的佼佼者，也是将区块链技术应用于食品安全领域的先行者。沃尔玛在 2016 年与 IBM 合作进行区块链试验，从我国的猪肉开始着手，将新技术应用于食品行业。从实践上来看，沃尔玛显然是成功者。沃尔玛认为，其在猪肉方面的试验已经取得阶段性成果。沃尔玛食品安全副总裁 Frank Yiannas 指出，通过区块链能在几秒钟之内将某一食品的跟踪信息以数据形式提取出来，与传统手段相比，时间整整缩短了一周。经历了此次成功后，沃尔玛扩大了试验范围。现在，沃尔玛作为 IBM 联盟成员，将会持续扩大区块链在食品安全方面的应用。

（三）一物一码，让消费者知道"食品从哪儿来，往哪儿去"

我们对食品安全问题越来越关注，而溯源是食品安全的关键。

区块链本身是信息传递的介质，它将数据做成区块，然后按照大数据算法、模型生成密钥，防止被篡改，再用时间戳等方式构建一个完整的链条。在整个食品信息的区块链上，数据的不可篡改性使"一物一码"得以实现。

由于食品流通的各个阶段往往是独立的、不透明的，因此很容易发生欺诈和替换行为。一旦参与方就食品来源或生产方式发生争议，以实物形式提供的文件就有可能是伪造的。这方面的例子很多，比如，新西兰的葡萄酒酿造者——南边界葡萄酒有限公司（Southern Boundary Wines Lt.）

在 2011—2013 年虚假标注葡萄酒酿造年份、原产地信息，并销毁酿酒记录；欧盟帕尔玛火腿生产者将用非意大利猪肉制成的火腿冠以帕尔玛火腿之名在市场上销售；还有一些企业将非有机谷物冒充有机谷物出口至其他国家。

虽然区块链在食品领域的应用尚处萌芽阶段，但越来越多的实例显示，该技术已从发展雏形逐渐迈向市场运用。比如，基于区块链技术，可以用图标呈现日本秋刀鱼从捕捞到端上消费者餐桌的全过程，确保不存在过度捕捞的情况。区块链通过使用独一无二的标识，为各参与方验证每笔资产提供公开透明的监管链条。

又如，2018 年 3 月，家乐福集团开创性地将区块链技术运用到追踪食品从农场到门店的全过程上，并率先在鸡肉、鸡蛋和西红柿等食品上试点。预计到 2022 年，此项技术将被推广到家乐福集团所有"家优鲜"项目产品。"家优鲜"是"家乐福质量体系"在我国的生鲜自有品牌，自 2014 年 9 月 26 日起正式启动。凭借可追溯性管理及可持续性发展理念，"家优鲜"项目一经推出便受到消费者的广泛欢迎。作为家乐福农产品安全高标准的项目，"家优鲜"对农产品生产进行全程追溯，不仅让处于供应链末端的消费者受惠，也向供应链上端的农业生产者提供帮助，助力其改进种植技能、增产创收。"家优鲜"的可持续发展生态链条深受消费者推崇。

2018 年 12 月 6 日，家乐福中国首款区块链产品——琯溪蜜柚，抢鲜上市（见图 4-1）。作为首批"上链"的"家优鲜"产品，此次重磅推出的白柚、红柚、三红柚三款琯溪蜜柚，果肉饱满、清甜多汁，得益于福建平和县得天独厚的富硒土壤、充足的阳光及适宜的气候，以及科学的种植手法。作为跨国零售企业，家乐福全球市场需求庞大。这些来自我国且可通过区块链系统溯源的优质产品也将出口至法国，在响应国家"引进来，走出去"号召的同时，有助于提升本地供应商的全球品牌知名度。随着食品转型战略的进一步实施，家乐福希望能为中法两国的消费者提供更多安全、美味和健康的食品。

图 4-1　家乐福中国首款区块链产品

再如，2017 年 6 月 20 日，众安科技在我国中部多个省份与养鸡场合作，给鸡戴上了区块链鸡牌。从此，戴上鸡牌的鸡的每日运动数据就会实时上传到区块链，买到"步步鸡"的顾客扫一下鸡牌信息，就可以看到这只鸡生前走了多少步。

京东的"跑步鸡"项目是京东集团开展的创新型电商扶贫项目，图 4-2 为"跑步鸡"养殖场。该项目具体操作流程是：将鸡雏交给已在扶贫办建档立卡且征信记录良好的贫困户养殖；对每只鸡的自然生长周期进行智能监控，养殖 4 个月以上便可上市销售；对批量屠宰、加工运输等环节进行智能化运作，为消费者提供绿色健康的"跑步鸡"食品。

食品安全问题是老百姓关心的问题，食品的生产、运输等环节可追溯是大势所趋。我们坚信，像"步步鸡"和"跑步鸡"等项目只是一个起点，终究会逐渐形成一条线，进而助力我们切实解决食品安全问题。

图 4-2 "跑步鸡"养殖场

三、发力方向：如何更完美地保障食品安全

（一）"一物一码"不是可追溯性的充分条件

目前，区块链技术迅速发展，已经在一些行业发挥了巨大的作用，但对于区块链在食品行业的应用，依然存在一些待完善的地方。区块链技术应用在食品生产领域虽然可以为消费者溯源提供支持，但低估了部分食品生产者的"狡猾性"，也高估了区块链技术在供应链验证方面的能力。

食品是一种不易验证的商品。因此，食品信息区块链的可追溯性就只能通过 RFID 标签或二维码来实现。虽然区块链上的食品信息数据是无法篡改的，但由于信息输入端还没有实现自动化，因此区块链上信息的真实性仍然存在隐患。为了应对这一问题，相关企业提出了解决方案。因为区块链上的信息都是透明的，所以可将对某一款产品的质疑上传至区块链，让所有消费者看到，这种方法可以有效震慑不法商家，如果这种方法大规模应用，相信会为食品打假群体的进一步壮大提供机会，这也能很好地提高食品行业整体的安全水平。但是，需要特别注意的是，其也容易引发商业纠纷。

RFID 标签和二维码也可能会被不当使用。比如，一些葡萄酒酿造者可以利用 RFID 标签或二维码把用于酿酒的普通葡萄伪装成有机葡萄或产于某个特定区域的特种葡萄；牲畜身上的标签也有可能被交换或篡改；在日常生产中，某些生产者也可以在不损坏食品标签的情况下打开食品包装，用劣质食品取代原有产品；标签可以被无限复制贴于假冒伪劣食品上以次充好；标签阅读器的程序也可以被人为修改，为所有者服务。总体来说，区块链和智能合约可以降低食品欺诈发生的可能性，但并不能将所有造假的数据都转化为真实数据。

并不是只有食品的可追溯性会受到造假的影响。食品质量与食品来源往往密切相关，每种水果、谷物、肉类和蔬菜等农产品的质量都是有差别的。市场供应商可以根据产品的口味、气味、尺寸、颜色、水分含量等标准对其进行评估、分级，食品的等级决定了食品的市场接受度。食品分级主要由人工完成，在需要分级的食品数量巨大时，人们一般会通过抽查的方式对食品进行快速分级。食品分级信息可以被存储在二维码等识别标签中，但区块链对人工介入信息的依赖是其一个巨大的弱点，这一弱点可以被人利用进行食品欺诈。

（二）智能合约应是纯客观的编码

智能合约不可避免地会受到编码者的有限理性及设置智能合约的交易各方的影响。如果一份智能合约可以用符合社会规范的方式转化为具有约束力的合同，那么它就可以优先于各方所负的法律责任，这也是应用区块链和智能合约的首要前提之一。如果无法满足上述要求，区块链和智能合约就不能被使用。

我们还需要思考一个问题，即供应链上各交易方的法律责任可能会因智能合约和区块链的调度而存在差异。智能合约的概念是由尼克·萨博（Nick Szabo）于 20 世纪 90 年代首次提出的。当时，智能合约被看作自动生成合同格式、条款和履行合同的途径之一。人们认为，合约中支撑履行的数据传输条款内化于自动操作交易过程的代码中，这与自动售货机和自动安全系统类似。用自动售货机类比，投入自动售货机的钱币可以看作履行合同，自动售货机通过提供食品和饮料来履行事先设置好的条款。一些人因此而坚持相信"代码即法律"，并坚持认为智能合约中的代码同时可以解释、执行相关法律。

有业内人士认为，自动售货机的售货程序和其他能够自动生成合同格式同时履行合同的软件并非真正意义上的合同。他们认为，自动售货机的售货程序只是一种常设的要约，只有交易一方输入特定数额的现金或现金信息时，它才能像合同一样产生法律效力。

因此，对"代码即法律"持批评态度的人坚持认为，自动售货机的智能合约只是一种促使合同履行并保障合同履行的机制，并非真正的合同。在他们眼里，智能合约至少是由代码、交易方行为、法律原则和某种情况下的书面条款混合组成的合同的一部分，这与科尔达的运作原理相似。

科尔达是目前运作状态最优的分布式账本和智能合约平台之一，它在自己的系统文件中有如下声明：系统管理的协议行为将见于明确援引上位法并从该处取得合法性的计算机代码。辅助合约代码升级和明确援引争端解决程序的系统将得到有力支持，以便在缔约失败时提供确定性——由技术和人为因素引发的合约纠纷也会在自动设定的程序流程中出现。

总而言之，我们并不能根据智能合约编码来准确地判断食品来源及与来源密切相关的食品质量。除智能合约编码之外，还需要介入第三方认证、交易方之间的高度信任及人为判断。基于履行条件不同于履行客观确定的事项这一客观事实，尽管这些事项可以通过"中间媒介"在附件声明中嵌入智能合约，但是附件声明的主观性和背景依赖性特点使其无法充分融入智能合约的运算法则。很多人对于智能合约能否涵盖交易方所需的所有合同条款这一问题提出了一些疑问。例如，智能合约履约过程中是否存在履行质量相关的保证及不完全确定的不可抗力。业界人士认为，使用自然语言来规范合同与法律风险和使用代码将合同与法律风险编程这两种方法之间是存在差异的，而智能合约囊括法律条文正是这二者的差异。事实上，智能合约并不是独立运作的合同，它只是一种后续技术方法，用于处理前置性协议。

其实，也有人认为，食品供应智能合约是完全独立的、有效力的合同。但是，这种观点并不能证明智能合约是独立于法律环境运作的。相反，它只能证明任何现实的、具有操作性的法律救济都跟不上履行行为，所有违法合同都可以证明该结论。比如，由于国际制裁等特定原因，销售某一国家生产的食品是非法的，如果智能合约中没有包含该制裁条款，批发商或进口商很容易会错认为食品来自其他未受制裁的国家。

（三）没有完美的安全技术

目前，区块链中智能合约交易的计算验证还没能完全满足现实需求。智能合约可以自我生成，智能合约只按照编程设计运作，违约或第三方介入是不可能的。因为这一点，智能合约降低了违约和解决争议的成本，它们一开始就受限于自身应用于不同情形时的缺陷，这些情形可概括为"若A，则B"。因此，虽然物联网传感器记录交货后智能合约马上就可以用来在食品供应链中进行自动支付，但是智能合约不能够有选择地或灵活地融入交易行为之中，更不要说善意履行合同了。另外，自我生成的代码合法性、智能合约的有机融合，以及智能合约的监管、合规要求等话题仍然需要进一步探讨。

智能合约受到攻击的风险是非常高的。许多文献对智能合约的弱点进行了深入探讨。其中，以太坊于 2016 年创建的众筹平台——去中心化自治组织（Decentralized Autonomous Organization，DAO）所受到的攻击是很著名的一个案例。攻击者曾试图在 DAO 上线 20 天时窃取平台六亿美元的资产，工作人员花费了很大一番力气才制止了窃取行为，但这一案例充分展示了攻击者的手段之高明，而且，DAO 遭袭事件并非网络安全风险中的个案。

除了容易遭受攻击，智能合约还容易发生编码错误和各种原因导致的即时瘫痪。有业内人士指出，无论多么智能的合约，都有可能受到人类失误的影响。

区块链技术在保护食品核心数据方面具有优势，这一事实是众所周知的。但是，区块链也并非固若金汤，一旦出现数据安全隐患，区块链系统上的每个交易方都需要思考自己可能承担的法律责任，不过在这之前，交易方首先需要想清楚数据"本土化"的监管规则。

在用于追溯食品来源的权限区块链上，相关的访问权限必须预先限定为在线上已经通过认证的用户。在供应链上，交易方的相关交易记录会被存储在区块链上，由特定的用户对其进行维护，采用公/私钥管理的方式接入相关权限。在一定程度上，去除中心化中介，减少了系统在运行中出现系统崩溃而丢失数据的风险。管理者通过设置高级别权限，限制了访问量和系统的运行时间，在提高系统安全性的同时，提升了数据的完整性与正确性。参与交易的各方都有权限访问该区块链，从而使数据丢失的风险大大降低。

数据本土化监管要求在网络上"营业"的厂家必须在其本国内（境内）的服务器上进行数据的存储和加工工作。在该国管辖范围之外的服务器上操作，是不符合该国监管文件要求的。比如，土耳其的《支付和安全结算系统、支付服务和电子货币机构法》要求基于网络的支付服务须在土耳其境内存储所有的支付信息至少 10 年；越南的《互联网服务和网上信息的管理、提供和使用》要求参与管理、提供和使用互联网服务、信息、游戏、安全保障与服务的企业，在越南境内至少保留一个服务器"以供国家主管机构审计、存储和信息提供之需"。如果这些监管条文普及适用，将给区块链的推广、运作等附加极高的成本。

在我国，《中华人民共和国网络安全法》要求，与国家安全、经济发展和公共利益相关的数据，必须在中国境内存储，不得离开中国，除非"因业务需要"并经过安全评估。毫无疑问，如果区块链上的数据由处在不同地域的企业单独持有，限制数据流动或许会成为一种障碍。然而，我们必须竭尽所能保障数据的安全，减少风险，将数据控制在一定的范围内或者禁止数据在不同国家之间进行流动。

此外，我们必须关注物联网设备的安全性。尽管区块链与物联网应用的结合极大地促进了食品供应链的自动化，节省了大量的人力、物力、财力。但是，物联网设备无法采用安全级别高的密码，且无法对链接进行加密处理，并且连接性也不稳定。因此，物联网的安全性存在一定的问题，这些问题会影响区块链在食品安全领域的应用。

区块链本身包含了"食物配方""原料来源""销售渠道"等大量的敏感信息，这些信息有可能被区块链上的参与主体用于相互间的不正当竞争，也有可能遭到莫名的黑客攻击，还有可能被非法入侵的第三方用于获取商业利润。理论上，区块链公/私钥密码系统隐去了参与者的身份信息，在一定程度上保护了商业及个人秘密。但是，一旦网络安全窗口大开，原本隐藏的公/私钥身份将成为公开的秘密，数据安全很难保障，所谓的食品"秘密配方"也不再是秘密，相关信息也将没有任何保障。

四、未来前景：更多的利润，更加安全的食品

毫无疑问，区块链应用于食品安全领域，发挥了重要的积极作用，让食品造假的成本更高了。以往造假，造假者只需要攻击一个中央记账节点，而现在则需要打通所有节点。

当然，同所有技术一样，区块链也不是万能的。在区块链项目早期，

其实际技术价值还远远没有显现。最关键的是，从根本上解决食品安全问题并不能仅仅依靠区块链技术。大型连锁超市应用区块链技术不是为了食品安全，而是为了更方便地管理。区块链记账节点的生产商和供应商是一个利益共同体，它们联合起来之后，数据造假的可能性还是存在的。因此，可以说，区块链不能解决所有问题，只是解决问题的一种技术手段。

和其他领域的区块链项目一样，"区块链+食品""区块链+农业"等项目也存在炒作问题，那么，如何才能摆正区块链在食品安全相关领域的位置呢？

"责任中心化"可能是一个行得通的思路，即将数据真实性负责人与产品销售负责人"合二为一"，尽可能屏蔽主观性问题。如此，才能提高区块链落地的可能性，并实现其应有的技术价值，为消费者提供更好、更安全的食品。

但无论如何，区块链技术是向善的，在解决食品安全问题上，我们应坚信，前途是光明的——区块链技术的发展及其在食品安全领域的应用，将会产生更多的利润、更加安全的食品。

第五章

公共安全链：百姓心中的"放心链"

在区块链技术中，每个数据节点都是能够被验证的信息，这样可确保数据的可靠性和安全性。区块链技术应用于公共安全领域的基础信息管理，包括对犯罪记录、刑侦记录、重点人员记录、人口管理记录、出入境和交通管理记录等的维护，大大提升了公共安全能级。

近年来，由于网络环境和现实情境中的公共安全问题较多，网络环境中的公共安全问题尤为突出，亟待新的技术手段为之提供行之有效的解决方案。在区块链技术逐渐从金融领域分离出来，并应用于公共安全领域后，其延伸出独立性、价值内置性与行为自动监督属性，极大程度地提高了公共安全领域的应急能力。

一、技术优势：区块链赋能公共安全

区块链技术本身自带加密、追踪、溯源、共识与证明等功能，可以说它的诞生其实是在展现人类在技术监管与技术治理领域的新成就。对于各种社会安全乱象，包括网络空间和现实空间中的公共安全失序问题，区块链提供了一个较好的技术解决方案。

区块链技术赋能公共安全领域，简单来说就是将各种社会行为在加密情境下公开，有条件地对现实情境中的人的行为进行监督与透明化处理。原始的那种匿名的、虚假的账号，或者现实情境中的伪造的证据、假币等，在区块链技术的作用下可以从源头上得到治理，这在很大程度上将消除一些社会安全问题。

从目前来看，区块链技术在公共安全领域的应用，主要是指它在网络空间中的公共安全和现实空间中的公共安全两个领域的应用与赋能。近年来，新一代信息技术的快速发展和广泛应用，已经对社会众多领域产生了巨大的冲击。譬如，在企业层面，引进新兴技术人才和发展新兴技术业务已经被看作一种时尚，并被认为紧跟时代潮流。也有一些企业依然坚守传统模式，但最终大多数"守旧派"都败给了潮流。这是因为诸如互联网、大数据、物联网、云计算、人工智能等技术，已经在现实世界之外重新建构了一个网络世界。网民的数量逐年递增，但这些技术本身并没有"自治理"的能力和属性，使得这个无比开放的网络世界存在一些难以消除的病根，如网络诈骗、电信诈骗、数据买卖等，对人民群众的隐私、财产与生命健康造成一定的威胁。

然而，自区块链技术发展并逐渐成熟之后，它逐渐应用于公共安全领域，这主要得益于它具有颠覆整个互联网的力量。借助区块链技术的力量，如今的信息互联网已经开始朝智能互联网和价值互联网的方向转化，这意味着互联网世界的假象、乱象与坑蒙拐骗等失序行为将会得到进一步的治理。由此可见，在区块链技术的帮助下，网络公共安全问题开始得到化解。与此同时，现实中的公共安全问题也可获得相应的区块链技术应用解决方案。

换言之，区块链技术通过自身的技术优势，直接将人们所处的外在环境转变为一个安全的环境，把网络空间塑造成价值互联网，把现实空间改变成熟人之间、陌生人之间相互信任的算法环境。如此一来，原有的很多公共安全事件，其实已经被区块链技术从源头上斩断了"病根"。原本在一个匿名化与信任度低的陌生社会环境中，很多不法分子想方设法伪装成"老乡"或"朋友的朋友"等，又或者直接通过一些数据购买渠道用非常低廉的价格购买了个人信息，然后轻松说服对方相信他们，并与之"真诚"合作，后果就不言而喻了。但在嵌入区块链技术的真正的价值互联网时代，网络空间或是现实中的公共服务领域的身份认证得以加强，伪造与假冒身份的危险分子很难直接混迹其中，这便为治理公共安全问题提供了极大的便利。

以网络安全治理为例，区块链技术能很好地解决包括黑客问题在内的很多重大安全问题。以往的数种技术提供的安全解决方案，都无法像如今的区块链技术提供的解决方案这样做到最大限度的安全。从某种程度上来说，这是因为以往的那些技术都不能真正解决中心化所带来的威胁，它将所有的问题和漏洞集中在一个平台上，人才流动、黑客攻击、平台宕机等问题，都有可能带来巨大的安全危机。

尤其是一些漏洞的存在，给那些积极利用漏洞的黑客提供了新的机会，而专门针对这些漏洞的补丁往往需要一些有良知的黑客主动公开，或者是平台自身提前察觉。如此看来，网络公共安全领域确实需要像区块链这样的去中心化技术，它在将所有的中心化网络平台的数据进行分布式存储的同时，也将风险不断地拆分，降低风险系数，使原本的巨大风险转变为不威胁整体安全的微小漏洞。此外，区块链技术的加密算法和去中心化的数据存储方式，大大减少了系统可被攻击的漏洞，使很多安全攻击者无利可图。

进一步来看，区块链的链式与分布式的数据结构，本质上为解决公共安全问题提供了新的技术架构。在采用区块链技术搭建的公共网络架构中，参与者的相关安全问题不再依靠中心平台或第三方权威机构，而主要依靠全民共治的网络格局，每个个体都要为自己的安全负责，每个人都要严加看管手中的私钥。也就是说，在区块链网络环境中，保障公共安全成为每个参与者的责任。

区块链技术从三方面保证了网络环境中的公共安全：一是应用区块链技术的解决方案已经具备相当的独立能力，它已经在很大程度上将人们的好恶排除在外，成为一套严格遵循算法契约的信任机器；二是它的加密算法和智能合约对大多数人的价值判断与评判标准进行了技术化再现，在公开透明的情形下消除了别有用心者的干预；三是区块链技术所信奉的价值与理想已经内置于它的技术体系中，进而直接或间接地规定了这个系统的参与者的种种行为。

从以上三方面来看，区块链的技术独立性、价值内置和行为自动监督等功能与机制，已经为公共安全领域构建了追责速度快、追责成本低、违约与失信自动清单化报备，以及相应的逃避责任的成本增高的环境。因此，可将区块链技术引入公共安全领域，构建公共安全链，并覆盖公共安全领域的预测、追踪、归责与惩戒等流程，还给人民群众一个可信任的"网络"。

二、疫情防控：精准高效的防疫安全链

区块链技术在疫情防控中具有重要的价值，它能提高疫情防控链条的安全性能，有助于实施精准防控。区块链在疫情防控中的价值主要通过协同抗疫链条、疫情舆情治理、人员行程监控等方面来实现。

（一）区块链与协同抗疫链条

区块链技术赋能疫情防控的协同抗疫模式，在政府层面，主要是以"协同抗疫链"的方式呈现的。政府层面的协同抗疫链将区块链等新一代信息技术应用于抗疫工作系统，促进原本相互割离的体制机制变得互联与畅通，从而提高抗疫的沟通效率和质量。一方面，将各级政府部门的抗疫数据进行"上链"共享，消除原有的"数据孤岛""共享受阻""沟通不畅"等问题；另一方面，在数据高效精准共享的情形下，进一步促进各级政府部门的协同抗疫模式的高效运行。

在企业层面，为了避免人群聚集和交叉感染的问题，企业开始推出基于区块链技术的居家办公模式。区块链技术的应用为政府和企业等多元抗疫主体提供了远程在线协同的可信任办公网络，在很大程度上解决了传统协同办公网络之间存在的不信任问题和信息不同步问题，提高了远程协作效率。

（二）区块链与疫情舆情治理

自新冠肺炎疫情发生以来，各种关于疫情的舆情信息遍布每个角落，除了政府公开发布的权威信息，很多"小道消息"真假难辨，容易误导人们做出错误的决策，诱发公众恐慌情绪。因此，有必要采用区块链技术对其进行治理。区块链技术在疫情舆情治理中主要通过以下三方面凸显其价值。

一是提供有力的舆情监控手段。区块链技术与疫情舆情治理领域的结合，能够为危急情境下的舆情治理带来新的手段和出路。

二是精准打击疫情谣言。在区块链技术的精准监控下，与疫情相关的网络舆情信息都被控制在可管、可控的范围内。区块链技术对于疫情谣言的精准打击，源于它能够对各种舆情信息进行检验。如果发现与实际情况不相符合且被广泛传播的舆情信息，舆情治理工作者就会立即采用区块链技术进行溯源，找到疫情谣言的传播者和制造者。在这个过程中，不仅能精准控制谣言传播者，也能实现对造谣人员的精准打击，提高舆情治理能力。

三是提高舆情研判能力。基于区块链技术的舆情治理体系，能够对已经发生的真实舆情进行完整的记录，包括疫情舆情发生的时间、地点和报道的媒体名称等。当这些基础的疫情舆情数据积累到一定程度后，工作人员就能采用大数据分析方法，从中找出舆情发展走向的特定规律和模式，随即做出一些特定的舆情预测。当然，最主要的是工作人员能够基于这个规律、模式，迅速研判一些特定情形下的舆情信息的真假，并对谣言进行辟谣。

（三）区块链与人员行程监控

将区块链应用于人员行程监控，对于抗疫具有重要意义。新冠肺炎疫情爆发后，为了以最快的速度查找到病毒的潜在携带者和防止人员大量聚集造成交叉感染，我国政府采取了最行之有效的隔离措施，尽最大的可能阻断病毒的传播途径。病毒的传播与人员的流动有关，所以在执行隔离措施的同时，政府也对社会公众进行了普查和登记入册。这样做的好处是，既可以筛选出从病毒感染区向非感染区移动的人员，又可以提前发现潜在的感染者。那么，对于如此零散的工作，区块链技术又是如何发挥作用的？

区块链技术赋能人员行程监控，能够迅速爬取相关人员的乘车记录、信用卡消费记录、支付宝支付记录等信息，进而以最全面的数据确定一个人的行程信息，并且在系列加密技术的保护下，保证个人行程数据的隐私安全。个人行程数据只要真实可信，那么，对于那些可能出现交叉感染的公共场所，就可以迅速通知所有在某个时间段出现在此的人员，并对其做好后续的医学观察工作。

尤其是在疫情爆发后推出的"确诊患者同乘查询"功能，是区块链价值的集中体现。如果能进一步将区块链技术加以运用，就能够进一步增强查询的可信度、安全性和便捷性。此外，在所有流动人员的行程监控中，对于恢复自由生产活动的人员来说，基于区块链技术的不可篡改的"可信健康码"就显得尤为必要，可以说是它是疫情防控期间人们最常用的通行证。它的使用可确保流动人员健康数据的真实性，节约流动人员健康验证的时间成本，对于恢复疫情防控期间的经济、生产秩序具有重大意义。

三、无处遁形：区块链加大对社会犯罪的打击力度

社会犯罪活动，是多因素共同作用的结果。从某种程度上说，社会犯罪是公共安全问题最为突出的表现，它严重危害社会公众的安全需求和安全利益——社会犯罪活动完全是以牺牲公共安全秩序为代价的。因此，人们始终在寻找各种能够完全消除社会犯罪活动的方法和策略，但目前还做不到。这是因为社会犯罪活动不是某种单因素作用的结果，而是多因素共同作用的结果。

社会犯罪活动的主要诱因，包括社会贫富差距加大、社会精神文明缺失，以及对社会犯罪打击力度不大等。社会贫富差距加大，逐渐造成社会两极分化，穷人的心理平衡机制被打破；社会精神文明缺失主要表现为人们的精神生活发展水平跟不上物质生活发展水平，进而导致人们的精神生活贫乏，社会的价值体系、道德标准与法治意识等都遭到侵袭；对社会犯罪打击力度不大，不是指人们对社会犯罪行为容忍，而是指人们对社会犯罪的综合治理能力不足。

在这些犯罪诱因之中，对社会犯罪打击力度不大占据很大一部分。这主要是源于对社会犯罪较低的打击力度，降低了社会犯罪群体的机会成本。换言之，可以简述为社会犯罪群体的实际收益超过了机会成本，从而使得社会犯罪活动呈现猖獗之势，尤其是各种网络犯罪活动表现得最为明显。通常情况下，由于对社会犯罪打击力度不大，诸如破案效率低、抓捕归案较慢等具体情形，犯罪分子长期逍遥法外，这对于受害者而言，会造成其对法律制度的不信任；而对于犯罪分子而言，他们反倒会变本加厉地胡作非为。

当然，对于犯罪结果的审判，主要是对犯罪事实已经成立、犯罪危害

已经造成的情形下的一种惩戒和补偿行为，算是一种事后干预行为。对于干预社会犯罪的另一种形态——犯罪预测，则是要将犯罪行为控制在萌芽状态。事后干预和事前预防，是对犯罪群体的两种干预方式，前者多关注惩戒和补偿，而后者多关注对犯罪群体的警醒教育。换言之，从犯罪惩戒到犯罪预防的转变，最根本的支撑是社会犯罪治理技术和手段的不断发展，逐渐在改变人们的公共安全环境。尤其是在阻止社会犯罪活动方面，区块链具有较大的应用潜力。

对于犯罪事实的惩戒和控制，区块链技术主要通过存证和取证两方面发挥作用，使社会犯罪的破案、惩戒、记录与追踪等环节变得有证可循。传统的社会犯罪治理，由于存在取证难的问题，办案效率有限。但如果将区块链技术引入社会犯罪的治理网络，将为对诸如网络诈骗、黑客攻击等社会犯罪问题的治理提供便捷的通道。基于区块链技术的社会犯罪治理，能够对相关的犯罪活动过程进行较为便捷的存证与取证。当然，这个犯罪活动要在区块链技术所覆盖的范围，否则很难做到对作案过程的有效记录和永久保存。换言之，将区块链技术广泛应用于社会网络，对各种网络活动进行记账，由于区块链技术不可篡改、可溯源等特性，很多基于网络的犯罪活动变得有证可循。

目前，基于区块链技术的存、取证问题，已经上升到具体的法律应用层面。譬如，杭州一项网络著作权纠纷案的审判，就是对区块链存、取证技术的典型应用。2018 年 6 月 28 日，杭州互联网法院首次认可基于区块链技术的电子存证的法律效力，并在明确相关的基于区块链技术的电子存证的审判方法和标准的基础上，对原告采集的电子证据予以采纳。

事件的经过是这样的：杭州某公司（原告）发现深圳某公司（被告）在没有通过原告授权的情形下，私自将原告享有著作权的作品发布于其运营的网络中。原告在发现被告的行为之后，迅速将被告的侵权行为进行基于区块链技术的电子数据采集与区块链存储。同时，原告在向法院举证时通过第三方存证平台进行了侵权网页的自动抓取及侵权页面的源码识别，并将上述两项内容和调用日志等的压缩包计算成哈希值上传至 Factom 区块链和比特币区块链。最终，杭州互联网法院结合区块链技术用于数据存储的技术原理，依法针对基于区块链技术的电子存证的效力认定进行了相关的审查，最终确认该电子数据可以作为本案的侵权认定依据[1]。如此看来，区块链技术在相关的存证与取证过程中，确实扮演着非常重要的角色。并且这一网络著作权纠纷案已成为一个非常典型的行业判例，对于后来的类似情形的审判具有借鉴意义。

要破解相关的社会犯罪活动，基于区块链技术的存证与取证非常关键，它能在很大程度上减少因证据被犯罪分子隐藏、撕毁等带来的困难。与此同时，区块链技术还能迅速实现对犯罪分子的基本数据的跨区域、跨部门和跨层级的快速加密共享。对于那些未被抓捕归案的犯罪嫌疑人，尤其是那些仍对社会公共安全存在极大隐患的犯罪嫌疑人，对他们的数据与画像的共享，在降低其危害等级方面能够发挥重要作用。

譬如，基于区块链技术的犯罪嫌疑人的数据共享，不仅在防篡改方面具有突出效果，最主要是为警方提供了一个多部门可信赖的全域"共享账本"。在该共享账本中，警方能够在第一时间快速辨别犯罪嫌疑人的特征，并在抓取到相关特征之后快速布局与抓捕相关的嵌入式监控识别网络，犯罪嫌疑人只要在监控识别网络覆盖的区域现身，该网络就会迅速识别并发出红色预警。如此一来，多部门协同作战的抓捕网络将发挥前所未有的效能，让犯罪嫌疑人无处藏身。

在社会犯罪预测方面，区块链技术主要在警醒、阻止和提前预防等方面发挥作用。而这个作用的发挥，大多是通过对相关矫正人员的数据追踪，以及对之前尚未犯罪但现在有犯罪倾向的人员的数据追踪来实现的。由于区块链技术本身存在的优越属性，社会犯罪治理体系开始采用区块链技术来辅助治理，社矫工作人员运用区块链技术进行矫正监督工作。

---

1 吴振宇. 杭州互联网法院宣判一起涉网著作权纠纷案 用上区块链技术[EB/OL].(2018-06-29) [2020-06-29]. http://zjnews.zjol.com.cn/zjnews/hznews/201806/t20180629_7652672.shtml.

一般情况下，社矫工作人员会将区块链技术嵌入相关的智能手环，用以有效监督那些尚需社会矫正的犯罪对象。这些人只要进入社会矫正的环节，就要佩戴社矫工作人员发放的区块链手环。该手环通常能够精准地记录社矫对象的活动数据，如果他们超出社矫规定的活动范围，区块链手环就会立即向相关部门进行报备。由于该手环嵌入区块链技术，社矫对象无法对手环的响应程序和相关数据进行更改，因此社矫工作人员可以以此手环记录的数据作为对矫正对象进行信用评级的依据。

将区块链技术应用于社矫领域之所以如此重要，主要是因为社矫行为对于社矫对象具有非常特别的意义。一方面，将区块链技术应用于社矫活动，能够帮助社矫工作人员快速预测和追踪社矫对象的活动数据；另一方面，区块链技术的防篡改属性和精准记录的社矫对象活动数据，能够及时、精准地对社矫对象进行警醒和规约，避免其在社矫期间再次犯罪。

当然，在犯罪预测方面，区块链技术也能发挥重要作用。在复杂的区块链网络中，所有参与者的行为数据都被分布式多元备份，只要这些数据上链，就无法对之进行修改。因此，区块链技术的分布式账本模式在很大程度上增加了系统的安全性（加固"防火墙"）。各种区块链系统的活动权益都牢牢地掌控在权益人手中，直接限制了很多外围非法用户的恶意攻击。

如上是利用区块链对一些预备犯罪的预防，这种方式旨在提前控制犯罪分子的恶意攻击等行为，间接地起到预防犯罪的作用。同时，如果我们在区块链技术的加密系统和智能合约中嵌入预警机制，一旦在某个独立的区块链网络中发现异常登录账号，该系统就向主要权益人弹出危险警告，届时权益人就可以提前做好相应的准备。而在智能合约中，如果合约双方有一方想要违约，很容易被内嵌于区块链系统的预警机制发现，并能对此提前做出预警。总体来说，区块链技术在犯罪预防中的应用，主要是通过加固"防火墙"和内嵌预警机制的方式实现的，其具体的应用价值还有待社会和市场有效地挖掘。

前面讨论的是区块链技术在阻止社会犯罪方面的价值，而对于那些专门应用区块链技术进行犯罪的行为，则需要另做讨论。换言之，区块链技术既能够被应用于治理社会犯罪，也能够被应用于社会犯罪，对于前者的讨论集中凸显区块链技术的优势与价值，但对于后者的关注，主要表现为一种担忧和焦虑。事实证明，从目前来看，区块链技术确实会被应用于诸如毒品、枪支、绑架，甚至是暗杀的交易，可怕的是这些交易一般很难追踪到交易者的真实身份[1]。如此看来，也要时刻关注不法分子将区块链直接应用于犯罪领域的特殊情形，进而从技术、政策和法律等多层面谋求更加先进的治理手段。而要达到最佳的治理状态，就应该既发挥区块链技术本身的价值与优势，又防止其沦为犯罪分子的犯罪手段和犯罪工具。只要能够很好地做到这一点，区块链技术将在各个民生领域发挥更为强大的重塑力量。

四、规避风险：区块链助力提高金融系统的安全性

在孟加拉国央行被盗取 8 100 万美元的案件曝光之后，在区块链技术开始崛起的社会背景下，全球战略咨询公司埃德加–邓恩公司（EDC）提出这样一个问题：区块链或分布式账本技术能够在金融系统中打击网络犯罪吗？埃德加–邓恩公司的提问，简单来说，其实是在问区块链技术是否能够在应对相关的"金融风险"方面发挥实际的效用。目前来看，区块链技术在监测"金融风险"方面的实际效用体现在提高金融系统的

---

1 孙国梓，王纪涛. 浅析区块链取证与存证[J]. 中国信息安全，2019(5)：61-64.

安全性、促进金融风险数据共享和对抗金融犯罪三方面。

（一）提高金融系统的安全性

区块链技术能够提高金融系统的安全性。从区块链技术的起源来看，它本身就是为了应对金融危机而生的。区块链是一个分布式的数据账本，能完整地记录每笔交易，这样便能够实现对交易历史记录的追踪和溯源。加之区块链金融系统是一个开源平台，具有去中心化的显著特征，可将原本的边缘人群重新纳入系统中，极大地提高了金融系统的覆盖面，而参与者数量的激增，在某种程度上彰显了系统的公平和开放的属性。与此同时，传统金融体系中的很多资产都可以被转移到区块链账本中进行数据信息管理。区块链的去中心化特征可以提高金融市场的效率，降低中介成本。将区块链技术运用到金融清算系统中，可以提高清算效率，同时增强清算的准确性和安全性[1]。此外，区块链自身是一整套密码学技术的集合体，每个独立的参与者都有"公权力"和"私权利"的双重保障。

在区块链金融系统中，随着用户的激增，公权力的约束力越来越强，但值得注意的是，这个公权力只是表现为一种维护系统安全性的属性，而不会对私权利造成干预或控制。如此说来，区块链金融系统的去中心化属性使系统的公权力与私权利形成一种相互补充的态势，但私权利又能在不断加强的公权力背景下保持相对独立性。因此，相较于传统的中心化的金融系统而言，嵌入区块链技术的现代金融架构的诞生似乎就是要突破传统公权力操控私权利的旧有体制，重新为现代金融提供一个更加可靠、安全的区块链金融应用解决方案。

---

1 尹一卓. 在区块链技术基础上对相关金融犯罪的思考[J]. 重庆广播电视大学学报, 2019, 31(6): 60-68.

（二）促进金融风险数据共享

传统的金融机构之间存在较为激烈的竞争关系，加之相互之间缺乏沟通和信任，以及缺乏联盟性质的相互协作机制，导致它们之间的数据共享程度明显不足。这在一定程度上加深了各金融机构之间的隔阂。如果其中的某一方需要与另一方达成某种新的合作，尤其是关于规避风险的金融活动，都需要付出很高的代价。以共享金融风险数据为例，现在很多金融机构在开展金融风险评估时，对一些用户的风险评估缺乏有效的数据作为支撑，但在爬取相关的数据时又时常遇上各种数据壁垒，无法快速、精准地获得相关的有效数据，导致其对于用户的风险评估受到非常大的限制。而且，很多金融机构在开展这项工作时，通常还要甄别那些已获得数据的真假属性，包括用户的身份、过往的营销信用等。如此看来，如果金融机构在进行风险评估的过程中出现纰漏，既不能有效获取较为全面的数据，又不能有效甄别已获取数据的真假，往往容易造成巨大的损失。因此，将区块链技术应用在金融风险数据共享领域，已经迫在眉睫。

将区块链技术应用于金融风险数据共享领域，旨在融合它的不可篡改、去信任和去中介的优势和特点，以期打破传统金融机构之间金融风险数据共享的壁垒，提高各个金融机构的抗风险能力。很多金融机构其实已经采集了很多用户资料，形成相应的白名单、灰名单、蓝名单、黄名单和黑名单等金融用户数据。这些数据如果不能有效共享，对于白名单之外的一些用户，当其他金融机构再次与其合作时，就不能很好地对其进行全面且准确的评估。区块链技术在金融风险评估领域的应用，正在改变这种现状。

一方面，区块链技术是在对等网络中进行的点对点加密交易，它保证了金融风险数据共享方的利益，其为采集用户数据所付出的成本得到了购买方的补偿，同时金融风险数据购买方也得到了最真实的用户数据，在很大程度上降低了购买方的金融风险。另一方面，金融机构通过建立行业联盟链的方式，将愿意加入联盟的所有成员上链，并依托区块链技术建立金融风险数据共享的智能合约，从而促使不同金融机构之间风险数据共享方面的合作成为常态，进而打破传统的卖方市场环境，极大地降低买方获取金融风险数据的成本，实现合作双方的互利共赢。

（三）对抗金融犯罪

自区块链技术诞生以来，围绕它展开的金融活动不计其数，其中不乏区块链金融犯罪的案例。区块链技术本身具有价值中立性，既有被应用于合法金融的情形，也有被应用于非法金融的情形，并且区块链自身并不能很好地区分善与恶的应用环境，加上它是一个新概念，导致很多区块链金融乱象的发生。

区块链技术刚开始融入金融领域，其实是以比特币的身份出现的，存在其与其他各种法币相互融合的情形。目前来看，存在打着区块链旗号的非法金融活动，诸如基于区块链的传销活动、庞氏骗局、跨境逃汇、非法集资和洗钱等。

那么，如何利用区块链技术对这些非法金融活动进行治理呢？前面提到，将区块链技术嵌入金融系统，有利于充分发挥它的技术优势，提升金融系统的安全性，所以目前已经被很多大型银行采用，众多融资机构也在不断地吸纳这方面的人才。实际上，很多基于区块链技术的金融犯罪活动是可以直接通过区块链技术来治理和规约的。

首先，揭露金融犯罪的罪行。将区块链技术应用于金融犯罪治理领域，将能灵活实现对众多金融行为的存证。由于不可篡改和可溯源的记录，以及加密且安全透明的交易，基于区块链技术，众多金融交易行为都将变成可以检验的行为，相关留存数据既是一份承诺又是一份责任，使得很多金融机构不敢以身试法。

　　其次，区块链的智能合约技术防止了很多伪造的金融数据流入市场，降低了金融机构的风险。与此同时，伪造金融数据的机构将会受到严厉的打击，进而减少金融市场的各种假冒伪劣行为的出现。

　　最后，侦防和监察技术升级。随着区块链技术在侦防和监察领域的应用与普及，研发以区块链技术为基础的金融犯罪应急响应系统，能够提高侦防和监察技术的快速反应能力，能迅速实现对犯罪活动的反侦查和技术性渗透，极大程度地压缩金融犯罪群体的活动空间。

第六章

精准供给：区块链养老服务模式到来

　　区块链本身蕴藏的丰富价值向养老服务领域延伸，有助于打造一个真正属于智能时代的区块链养老服务模式，该模式不仅能够提供精确的安全服务、有效的健康服务、及时的情感服务，而且能够直接或间接地满足老年人的发展需求。

随着区块链技术的算法逻辑、功能模块及框架结构等日益完善和成熟，其在各行业和各领域的应用备受关注，一股"区块链+"的应用热潮正在席卷全球。在此背景下，"区块链+"的应用模式正式向全社会铺开。基于此，整个民生领域正迎来被区块链技术重塑的时代契机。其中，养老服务领域对区块链技术的迫切需求备受社会各界关注，区块链养老服务模式正在形成。目前来看，该模式只是区块链技术在养老服务领域的探索性应用，区块链技术与养老服务领域的融合发展有待深入探索，以便从中找到有效应对深度老龄化社会的策略。

一、现实需求：老年人对养老服务的实际需要

老年人对养老服务的现实需求，反映的是他们在现实生活中缺失的东西，他们期待可以从养老服务中得到相应的弥补。这些需求具体包括安全需求、健康需求、情感需求和发展需求等，涵盖了老年人生活的各个方面。"需求"与"需要"之间有着本质的区别，"需要"是主观的，而"需求"是客观的。如今老年人的各种需要在很大程度上表现为客观层面的局限所

致。因此，我们急需厘清老年人的现实需求，探索其与区块链技术优势的融合应用，以期满足老年人日益增长的养老服务需要和对美好生活的现实需求。

（一）安全需求

老年人的安全需求是由其现实生存状况决定的，由于他们本身的安全生存条件日渐式微，所以从客观上讲，他们有强烈的安全需求。

首先，生命安全需求。从当下我国的老年人群体来看，无论是低龄老人、中龄老人，还是高龄老人，在养老需求层面都表现出明显的"未富先老，未备先老"的特征。换言之，大部分老年人都存在较为强烈的物质需要，尤其是受到急、重疾病威胁时，他们能够有效投入治疗的物质资源较为缺乏，导致老年人群体严重缺乏安全感。

其次，隐私安全需求。现有的养老服务，对老年人实行的是全方位、多层次、无死角的监控，致使老年人的隐私全部曝光于"第三只眼睛"之下，老年人的隐私安全受到严重的威胁和挑战，老年人群体的正常生活受到严重影响。因此，部分老年人表现出强烈的隐私安全需求。

再次，出行安全需求。对于外出，老年人存在显著的安全需求。由于老年人群体的身体老化，身体机能呈现明显的下降趋势，使得老年人在外出时行动不便，及时避开安全风险的能力不足，尤其是乘坐交通工具时，对具有较快移动能力的危险源难以避让。

最后，居家安全需求。总体来看，老年人的居家安全需求是指其面对各种严重威胁其生命健康与生命质量的安全隐患时的需求，如疾病发作求助需求、跌倒损伤求助需求和饮食卫生安全需求等。年龄越高、身体机能退化越严重的老年人，对于居家安全需求越明显。尤其是在我国当前呈现

"9064"或"9073"的养老服务模式的背景下，90%左右的老年人会选择居家养老，所以以居家安全服务需求尤为旺盛。

（二）健康需求

随着我国老龄化程度日益加深，老年人对健康服务的需求也日益迫切。在我国，由于受到年龄增长、慢性病缠身、身体机能退化、健康自理能力弱化等因素的限制，加之养老健康服务体系的供给能力有限、供给网络精准度欠佳等影响，在庞大的老年人健康需求网络中，有待进一步对老年人提供足够的对应节点服务，尤其是个性化的健康需求服务。

从层次上来划分，当前我国老年人的健康需求服务，主要表现为心理健康需求服务、身体健康需求服务、饮食健康需求服务，以及疾病、慢性病相关的医疗康复照顾服务四个层次，其中尤以疾病、慢性病相关的医疗康复照顾服务需求最为迫切。在"重医轻养""重治轻防"等传统养老理念的束缚下，很多老年人的健康问题已经超出常规水平，应对该问题进行重点关注和深入探讨。老年疾病从最初的潜伏期，到前期的医疗诊断、中期的治疗服务，再到后期的跟进服务都具有服务周期长、后期医疗保健服务需求大等特点，加剧了医疗保健服务的供需矛盾[1]。

此外，老年人由于健康意识较为薄弱，经常超量服用各种药物，导致因不同药物之间的化学反应而引发健康问题。因此，从健康需求层面来讲，老年人的用药安全需求并不为老年人自身所察觉，各养老服务供给体系需要高度重视这个问题。

---

1 刁生富，刁宏宇，吴选红. 大数据时代智慧养老服务模式比较分析[J]. 山东科技大学学报（社会科学版），2018，20(6)：104-112.

（三）情感需求

人非草木，孰能无情。老年人亦有情感需求，且呈现增长趋势。老年人的情感需求包括亲情需求、爱情需求、友情需求和社会情感需求等，这些情感需求共同构成了老年人的情感需求体系。老年人的情感需求同其他年龄层的人群一样，都是通过社交与联结等方式获得的，但老年人并不善于使用现代化的社交工具，加之各种工具的潜在威胁，导致很多老年人的情感需求得不到充分的满足。因此，他们的情感需求问题很容易转变为情绪问题，甚至转化为更糟糕的精神疾病。

众所周知，老年是人生的重要阶段，但由于从社会生产与就业的一线退出，很多老年人迅速地从社群的中心走向社群的边缘。这就意味着，他们已经从一个话语体系中剥离出来，以至于很少再有人会关注他们的思想、行为、情感和精神，容易导致他们产生惊恐、焦虑、悲伤、焦躁、易怒、孤独、寂寞、陌生、隔离、失望等消极情感体验，这给老年人的生活造成了不利影响。纵观全国，在独居、孤寡、空巢等老年人群体中，绝大多数都存在严重的情感需求不能得到满足的问题，客观上他们强烈的情感需求亟待满足。

在亲情方面，由于绝大多数的年轻一代都要积极谋求生存，所以不能时常陪伴自己的父母，很多老年人的家庭情感需求的满足更多地来自夫妻之间相互的情感支持。换言之，老年人的亲情需求在很大程度上是欠缺的，且弥补方式比较少：一方面是通过爱情，也就是夫妻之间的情感共鸣得到补偿；另一方面是通过照顾孙辈获得宽慰。但是，孙辈的成长及老伴的离去，通常会使这类老年人陷入痛苦之中，甚至有的人因此生病入院。而在友情或社会情感方面，随着年龄的增长，老年人的人际交往圈子日渐缩小，但这并不是因为他们的社会情感需求丧失，而是因为受到身体、工作和社会地位等因素的限制，他们不得不退出一些主流的人脉圈子，从而退居到人际互动的边缘地带，进而从一个需求的侧面逐渐刺激老年人的神经，使其社会情感需求和友情需求与日俱增。

（四）发展需求

在"终身教育"理念逐渐盛行的当下，"活到老、学到老"的学习观已经深入人心。老年人仍然对学习充满热情。他们也有强烈的发展需求，更关心自己会不会被社会淘汰。按照舒尔茨对人力资本理论的理解，"蕴含于人身上的各种生产知识、劳动与管理技能及健康素质的存量总和"构成了一个人身上所具备的资本。老年人自然也是人力资本的重要组成部分，他们有丰富的人生阅历和为人处世的哲学智慧。因此，他们自然存有对传授知识和阅历的渴望，有"表达个人成功经验的渴望"，所以他们自然就需要学习这种"表达的艺术"。又或者说，他们需要学习教育他人（子孙后代等）的方法和策略，自然就需要继续攻克相关的学习任务，不断地发展和完善自身。

值得注意的是，在老年人群体中，对发展的需求最为强烈的主要是刚退休的"年轻"老人，他们还具备继续发展的能力，所以对发展自身的需求也最为强烈。此外，对于中、高龄老人而言，他们也需要不断地发展自身，尤其是需要通过不断学习，不断地提高自身的"抗逆力能力"。只有如此，他们才能从容应对各种突发的老年生活问题，进而达到提升自己的老年生活质量的目的。由此可见，老年人对自身发展的需求较为强烈。

二、价值发现：区块链技术在养老服务领域的作用

区块链技术本身具有去中心化、不可篡改、开放性、匿名性和唯一性等独特属性，它本身可以让人类在虚拟时空中以自由的方式进行大规模的协作，这就为养老服务领域的数据存储、传输、共享与价值变现提供了必要的技术保证。数据是决策的基础，而区块链技术能够保证养老服务数据的畅通。这样，养老服务数据的价值自然就能迅速得到变现。换言之，养老服务决策的过程不再受相应数据问题的阻碍，从而可提升整个区块链养老服务体系的供给质量，包括提供精确的安全服务、有效的健康服务等，进而将区块链技术本身的价值优势迅速转化为养老服务领域的服务优势，最终提高老年人的整体生活质量。

（一）提供精确的安全服务

区块链技术能够为养老服务领域提供精确的安全服务。区块链作为一种算法密码学的技术化应用，确保数据安全似乎本就属于它的优势领域，而事实也是如此。区块链技术基于 P2P 网络，非对话方获取对话方的对话数据的难度很大。因此，从安全层面考量，若将区块链技术应用于养老服务领域，嵌入区块链技术的养老服务系统将很难被网络窃听。它还支持匿名交易，其去中心化架构能够有效应对网络攻击[1]。这样必将大幅提升养老服务领域的安全服务等级。

---

1 祝烈煌. 区块链隐私保护研究综述[J]. 计算机研究与发展，2017，54(10)：170-186.

服务领域的安全需求包括出行安全、金融安全、隐私安全、居家安全和饮食安全等。其中就出行安全层面来讲，嵌入区块链技术的辅助出行设备能够从实时、动态与精准三个层面反馈周边数据，并以此为依据做出相应的安全引导决策，帮助老年人脱离危险区；从金融安全层面来讲，以区块链技术为基础，对养老金融服务过程中产生的数据进行分析，区块链养老服务平台便能够真实准确地记录养老财政资金使用情况、养老机构业绩，监管资金配置的有效性，从而确保老年人养老资金使用的合法化与合理化[1]；从隐私安全层面来讲，嵌入去中心化的区块链技术后，区块链养老服务供给体系不再畏惧老年人"隐私权保护的特殊性和复杂性"的问题[2]，只要区块链养老服务供给方设定明确的信息访问权限，正确使用感应监控设备，就可以建立新型和谐"人机"关系，从而为智慧养老服务体系中的个人隐私保护提供一个安全的归置环境[3]。

（二）提供有效的健康服务

医疗健康服务是养老服务领域的刚需，区块链技术在养老医疗健康服务领域的价值，表现为提升整个健康服务领域的信息化水平。当区块链技术嵌入养老健康服务领域后，数据信息区块具有不可篡改、高效共享、分布式存储、可溯源、安全性高等属性，避免了传统意义上的数据信息安全问题、数据信息孤岛问题，从而保证了养老医疗健康服务数据的流动性与共享性。在此基础上，养老健康服务方可根据权限随时安全地获取数据和发布信息，从机制上强制打破各单位、各部门之间的信息壁垒，促使养老

---

1 庄伊婷，朱欣雅. 基于区块链技术的社会资源合力养老新模式[J]. 金融经济，2019：25-26.

2 张健明，刘晴. 智慧养老视域下老人隐私权保护的特殊性和复杂性研究[J]. 黑龙江社会科学，2019(6)：71-76, 160.

3 黄小锦. 技术哲学视阈下智慧居家养老中隐私归置问题研究[J]. 现代商贸工业，2018，39(11)：82-83.

医疗卫生机构信息管理更加安全可靠[1]，以及提高健康服务数据信息价值的变现率。

同时，区块链技术可以将老年患者的相关医疗信息存储到需要的地方，并允许老年患者轻松地查看自己的病史。不仅如此，区块链技术还可应用于养老医疗保健的其他方面，如改进养老医疗网络中的保险索赔或其他管理流程，以及向生物医学研究人员提供与健康相关的人口数据等[2]。

从医疗健康服务领域来看，区块链技术不仅有利于保障养老医疗健康服务相关方的利益，更重要的是，它可以通过数据确权与数据加密的方式有效地映射老年健康服务对象的现实需求，最大限度地从技术层面保证老年健康服务需求者的核心利益，极大程度地提高整个养老医疗服务体系的现代化水平。

（三）提供及时的情感服务

区块链技术为老年人提供及时的情感服务，源于其共识机制带来的技术信任在社交领域的价值延伸。从老年人的情感需求来看，他们的情感问题确实急需通过运用相应的技术手段予以解决。老年人的情感需求之所以成为非常紧迫的问题，是因为社会的就业退出机制使他们远离社交中心。因此，我们恰好可以利用区块链技术去中心化与去信任的优势，重新将老年人拉回社会交往的主轴线上，并运用区块链技术手段重新巩固老年人的情感支持网络。

目前来看，老年区块链社交的应用解决方案已经问世，大多问世的

---

1 李华才. 区块链与医疗卫生信息化[J]. 中国数字医学，2019，14(12)：1.

2 Leslie Mertz. Blockchain Reaction: A blockchain revolution sweeps into health care, offering the possibility for a much-needed data solution[J].IEEE Pulse，2018：4-7.

方案都是在现有的社交方案中嵌入区块链技术。在此基础上，区块链社交软件可以巩固老年人已有圈子的人际信任关系，更重要的是，在区块链技术的支撑下，每位老年人都将成为社会交往的中心。与此同时，他们可以通过"搜索附近"的方式，达到与附近的陌生老年人建立新的"强连接"关系的目的。如此一来，以区块链社交软件为主导，以每位老年人为社交中心，就可以连接到他的亲人、朋友、同事，以及其他社会成员，并且其中的每层人际支持网络都是值得信任的。原本的"强连接"关系得到巩固，而"弱连接"关系则在逐渐扩张的过程中不断地转化为"强连接"关系。对于一些单身的老年人，他们还可以在区块链社交软件中开展相亲活动，进而弥补自身的爱情需求问题。

因此，区块链技术给老年人提供的及时的情感服务，实质是以"巩固"、"扩张"和"增强"三种方式实现对接的，并不断地完善老年人群体的"正式的社会情感支持系统"与"非正式的社会情感支持系统"，同时在非正式的社会情感支持系统中构建"差序格局"的情感连接机制，以便及时为老年人提供多样化的情感慰藉服务。

（四）提供个性化的老年教育

从老年人强烈的发展需求来看，实现老年发展目标的最佳渠道便是实施有针对性的老年区块链教育。老年区块链教育共享与去中心的性质，能够在满足老年人足不出户的安全需求之余，辅助老年人实现自身发展的目标。当然，这种老年区块链教育模式需要从两方面进行思考：一方面是现有的老年人群体；另一方面是将要到来的老年人群体。对于前者而言，区块链教育的实施较为困难，因为以此种方式接受教育对他们来说本身就是一项挑战。而对于后者，则需要从"区块链+终身教育"模式去考虑，在将区块链技术嵌入教育系统之后，也应该把老年教育纳入整个教育系统，从而构建一个能够横贯每个人一生的区块链教育链条。链条上的每个节点对应该名老年人所受教育的不同阶段，其教育区块的数据包括各阶段的学情数据、数字证书，以及与之相应的教学评价等，从而更有利于对该名老年人进行有针对性的教育。

一般来说，探索"区块链技术+老年教育"能有效解决传统老年教育行业教育资源匮乏的痛点，实现老年教育产业数字化与智能化。区块链技术可以建立一个共享、公开、优质的教育平台，这个老年教育平台不是孤立存在的，它可以与高校网络教育平台相通，同时，这个平台上的数据可以为政府、用人企业做决策提供参考[1]。因此，老年区块链教育能够满足老年人的发展需求。从更高层次上讲，它还有利于将繁重的老年人口压力转化为人力资源优势，促进老年人中的高级知识分子再就业，极大地丰富了老年人的养老生活。

当然，在创新老年区块链教育模式时，相关的政策制定者也应留意当下养老金成本上升对老年人发展需求的消极影响，并共同寻找解决方案，确保公平、公正地提供满足老年人发展需求的服务。最好是能够从公共政策的维度进行无条件共享式的老年区块链教育创新，创办真正属于广大老年人群体的"老年大学"。

三、融合策略：区块链在养老服务领域的应用路径

区块链养老是指基于区块链技术的养老服务模式，其在原有养老服务模式的基础上不断地融入区块链技术的优势价值，力争将区块链的技术优势迅速转化为养老服务领域的价值优势，从而达到革新整个养老服务模式的目的。因此，在区块链技术迅速向民生领域渗透之初，使区块链技术与

---

1 孟沙沙. 基于区块链"养教用"结合的老年教育新模式探索[J]. 福建茶叶, 2019，41(10)：23-24.

养老服务领域融合发展已成为当务之急。具体的融合策略可以从以下几方面进行探讨。

（一）革新传统的养老服务模式

从历史的角度看，将技术嵌入养老服务领域以实现养老服务模式创新的做法较为常见。事实证明，这样的确效果不错。从互联网时代，到大数据时代，再到人工智能时代，养老服务模式随之出现相应的变化：互联网时代主要是将网络技术应用于线下的养老服务模式；大数据时代开始尝试线上线下相结合的养老服务模式；而人工智能时代的养老服务模式则已经发展成熟，各种智能服务产品应运而生。但需要注意的是，在智能养老服务领域，智能技术本身存在"漏洞"，导致数据安全、隐私安全、金融安全等问题较为严重。因此，为了革新传统的养老服务模式，区块链技术已经成为"必选项"。将区块链技术嵌入养老服务领域，自然催生了新一轮养老服务模式变革——区块链养老服务模式。

区块链养老服务模式是在智能养老服务模式的基础之上，嵌入区块链技术的共识机制、密码学机制、点对点传输机制、分布式数据存储机制等，将各种养老服务进行"上链"认证。这种去中心化的养老服务模式正在超越传统的中心化养老服务模式活性不足的局限。其以老年人需求群体为区块中心，开展点对点养老服务供给，将社会各主体进行链接，形成"老人↔政府↔医院↔机构↔社区↔家庭↔企业↔非老年人群体↔其他"的区块链养老生态服务链，力争打造覆盖老年人需求的全方位、多层次、立体化的区块链服务网络。与此同时，将"时间银行""养老币""服务币""数字币""积分宝"等管理理念引入区块链养老服务算法模型中，以确保区块链养老服务模式的灵活性、可持续性和智慧性。

（二）创新区块链养老服务设备

在现有的养老服务中，许多老年人在使用各种各样的养老服务设备，如假肢、拐杖、血糖仪等，具体的服务领域涉及老年人的身体健康、情感支持、饮食安全、运动行为、心理状态等方面。据此，我们可以通过创新老年人的运动检测设备，积极深挖区块链技术中的价值，充分利用区块链加密的工作量证明机制。区块链技术本身作为一种可信数据管理系统，可以对区块链上的数据进行溯源，所以只要通过目标数据就能反推得到老年人的历史运动的源数据[1]。在此期间，如果老年人在运动过程中丢了东西，便可以直接借助相关的区块链设备沿原路查找，如此，老年人迷路和走失的问题也就解决了。

同时，在区块链设备中嵌入相应的激励机制，能够最大限度地鼓励设备使用者维护和执行协议与共识规则[2]，最大限度地给予老年人科学和健康的服务指导。因此，如果我们在养老服务设备中嵌入区块链技术，并将老年人的各类行为数据进行区块链存储和流通，那么相关的养老服务提供者便能在条件允许的情况下充分地使用老年人的全部数据区块。例如，当某位老人的这些数据与诊疗电子病历相结合时，就构成了其个人的全部健康记录[3]，这就为该老人后期需要使用的服务/设备供给提供了前期的数据准备条件。

从以上介绍可看出创新区块链养老服务设备的价值，但如何创新服务设备则成为一个问题。从技术创新方面看，可从两个维度进行：一是软件层面的创新，这是创新区块链养老服务设备的核心工作，简单地说，

1 钱卫宁. 区块链与可信数据管理：问题与方法[J]. 软件学报，2018，29(1)：150-159.

2 Aljosha Judmayer, Nicholas Stifter, Katharina Krombholz, Edgar Weippl. Blocks and Chains: Introduction to Bitcoin, Cryptocurrencies, and their Consensus Mechanisms[M].Morgan & Claypool Publishers，2017：61-62.

3 赵晓明. 区块链技术在医疗健康领域的应用与展望[J]. 产业与科技论坛, 2019, 18(4)：73-75.

就是将区块链算法代码嵌入养老服务设备，从而借助相应的软件系统实现区块链的服务价值理念；二是硬件层面的创新，这是顺从区块链软件代码变革的必然选择。在传统的硬件设备中，存在设备老旧、设备传输原理不同、设备的工作路径所遵循的逻辑不符合现有算法模型等问题，只有将硬件的相关功能模块进行升级，使之与软件的功能模块相对应，才能最大限度地实现区块链养老服务设备的现实价值。

（三）搭建区块链养老服务平台

应该从技术层、服务层和应用层三个层面搭建区块链养老服务平台。

一是在技术层。区块链养老服务平台是一个去中心化的数据库系统，若要最大程度地发挥其功能，就必须从技术层面考虑数据结构、数据备份、工作量证明、时间戳等问题，只有符合共享标准的数据结构，才能充分显示去中心化的养老服务平台的魅力。

二是在服务层。区块链养老服务平台的搭建应该秉持"方便、实用、高效"的原则，设置与服务层相对应的模块，细化统计模块与管理模块的功能，力争将区块链技术嵌入每个技术元素。

三是在应用层。在该层面应该将安全服务系统、健康服务系统、情感支持系统、教育服务系统、政策咨询系统等与服务层的统计模块和管理模块进行关联，并将此部分的应用界面对老年服务对象进行公开，便于他们在此呼叫相应的服务。

因此，按"技术层—服务层—应用层"的顺序搭建区块链养老服务平台，逐步在服务功能模块上形成"安全+健康+情感+教育+其他"的服务供给链，以便为相应的养老服务对象提供更加个性化的服务。

此外，区块链数据具有稳定性和持久性，非常适合用作养老教育数据。如果将老年人的老年教育记录完整地保存在区块链上，就可以形成一个不变的、可靠的、用于等级化的、横向–纵向转换的公共数据池[1]，便于持续为老年人提供个性化的教育服务。

（四）培养区块链养老服务团队

培养区块链养老服务团队是创新区块链养老服务的基础工作，只有具备充足的区块链人才资源，才能让各种区块链养老服务理念落到实处。可以通过以下三种方式培养区块链养老服务团队。

一是在高校设置区块链专业，或者将区块链课程加入与养老服务领域最为相关的专业课程中，如老年医务社会工作、老年心理社会工作等。借助此种方式，必然能够迅速增加从学校到社会的区块链专业人才输出量，增加社会的存量人才和提高增量人才的专业化质量。

二是政府要积极作为，从出台各类教育政策、搭建各类竞赛实验室平台、加强实践教学质量管理等方面，探索区块链方向的专业人才培养模式，助力创新型区块链养老人才培养[2]。同时，要发挥政府的宏观调控手段的作用，充分撬动社会相关教育培训机构的潜在力量，同向同行，共同致力于区块链养老服务专业人才队伍的培养工作。

三是养老服务第三方应该采取"引进来+自培育"的方式。首先从外围引进区块链养老服务人才，然后从中挖掘潜在的区块链专家和人才，并采取一定的激励措施，成立专业化的区块链讲师团队，积极开展养老服务第三方的区块链教育工作，将潜在的区块链养老服务人才转变为显在的人才，扩大养老服务第三方的人才规模，提高人才质量。

---

1 Erinç Karatas. Developing Ethereum Blockchain-Based Document Verification Smart Contract for Moodle Learning Management System[J].International Journal of Informatics Technologies, 2018, 11(4): 399-406.

2 张宗洋. 区块链方向专业人才培养模式探索与实践[J]. 工业和信息化教育，2019(4)：10-15.

（五）完善区块链养老服务制度

对于区块链养老服务创新，制度创新应该先行。制度是保证事物内部运行秩序的"良药"，无制度不成方圆。目前区块链养老服务领域的制度欠缺是一个普遍存在的问题，因此，急需对此进行完善。

首先，需要创新养老保险制度。创新养老保险制度可以使政府部门和民众之间形成去中心化的、分布式的点对点沟通网络，调动普通民众参与解决社会问题的积极性，并最终以个人社会养老保险金的形式回馈大众[1]。

其次，需要创新管理服务制度。区块链养老服务模式的分布式自组织机制，直接加大了传统中心化管理服务制度的负担，直接打破了中心化的管理服务制度的运行基石。而要化解这些问题，就需要重新建立以去中心化为核心的管理服务制度。

再次，需要创新老年教育制度。从前文可知，老年人具有非常强烈的发展需求，这种需求可以通过区块链技术来满足。因此，从制度创新的角度考虑，需要创立多元化的老年区块链办学体制，将老年教育纳入现有的区块链教育体系，从而保证老年区块链教育的正常运行。

最后，需要创新区块链养老服务激励制度。任何一种制度都应该以激励为主要功能，约束为次要功能。而现存的一些养老服务制度确实在核心功能的设置上偏离了激励的方向，反倒将约束功能作为核心功能，这势必会导致一部分人为了跳开各种惩罚机制而无所作为。所以，在完善区块链养老服务制度时，需要建立专门的区块链养老服务激励制度，同时要将这种制度与其他养老服务制度嵌套，以期增强区块链养老服务制度其他方面的柔韧性。

---

1 许竞文. 一种基于区块链技术的创新社会养老保险制度的设计思路[J]. 通讯世界，2018(8)：235-236.

（六）出台区块链养老法律法规

技术是把"双刃剑"，区块链技术的发展也有其自身的局限性。区块链技术的去中心化、独立自治与共同监督的属性重塑了一些社会形态，并在一定程度上对现行法律造成了一定的冲击，所以，如果要继续推广区块链养老服务，就需要出台相应的法律法规，确保区块链养老服务的合法性、合理性和合目的性的统一。

国家可以以立法的方式辅助推动区块链养老服务解决方案的出台，鼓励一些专业服务机构专注于研发和构建新的区块链养老应用程序，从区块链技术层面进行服务创新，确保养老服务领域的安全性和可扩展性，进而直接或间接地推动区块链养老服务的规模化、专业化与法制化发展。

第七章

区块链公益：人人都相信的公益

区块链赋能社会公益，可以使捐赠的各环节更加透明：人们可以将善款直接捐赠给指定的人或机构，无须转手多家银行和机构；每次捐赠都会直接记录在分布式账本数据库中，公开透明，可查询且不可篡改；人们也可以通过账本追溯捐款去向。有了"区块链+公益"，公益便实现了可持续发展。

区块链赋能公益与社会救助等领域，可直接或间接地为传统公益领域提供更加便捷、优质与可信任的服务，对于提高社会公益慈善的影响力具有重要作用。

一、公益慈善：人们对它的社会期待

公益事业是现代社会的产物，具体是指相应的社会组织以向服务对象提供援助等为目的的利他性服务事业，其性质与营利性社会组织有着本质的区别。营利性社会组织主要是以谋取私利为目的的，它的行动目标在于为自身创造一定的经济价值。换句话说，公益与私利是一对相反的概念，而公益与慈善自然渊源颇深，两者甚至在某些时候难以区分，这是因为两者的最终目的非常相近，其细微的差别在于，慈善隶属于公益。慈善的行为从起源上来说，更像是某种个体的施舍行为，但因其不断发展壮大，最终开始形成特定的慈善组织，并为特定的弱势群体提供必要的帮助。而对于公益事业而言，它的诞生带有明显的社会性，它旨在从一个国家和社会的维度，在唤醒广大人民良知的基础上，号召大家基于共同的社会责任与使命共同应对社会问题。

但不管怎么说，在广义层面，凡是论及公益的地方，就很难避开慈善而单独讨论，所以，"公益"与"慈善"两个词自然就经常被人合并起来运用。谈及公益慈善扮演的角色，其实是在谈论它的功能或者社会对它的期待。从某种程度上来说，公益慈善主要是充分协调各方优势资源，用于服务相应的弱势群体，以期解决相应的社会问题，最终提升社会群体整体的文明水平。人们希望与其自身生存和发展相关的正能量、互助精神等都能在公益活动中被广泛地传播开来。

由此可见，越是在发达的文明中，公益慈善事业就越能体现其角色，也就越能发挥其真正的社会功能。因此，在不同的时代背景下，用不同的先进技术赋能公益慈善的尝试比比皆是。在大数据背景下，专家学者广泛探讨大数据公益应该如何落地的问题；在人工智能时代，人们普遍关注公益慈善的智能化与智慧化的问题。如今，随着区块链技术的发展，人们越来越关注如何将其应用于公益慈善领域的问题。最终，"区块链+公益"应运而生。在区块链技术赋能下，公益慈善的社会功能会更加符合人们对它的期待。

二、区块链公益：崛起原因及其应用解决方案

区块链公益是指将区块链技术引入公益领域后形成的模式。由于区块链技术本身是一个具有多学科背景的"技术群"，具体包括金融学、密码学、计算机科学、物联网、大数据和人工智能等多项子技术，在某种程度上突破了原有的技术局限。因此，将区块链技术引入公益领域，必然催生区块链公益模式的迅速崛起。换言之，区块链公益的诞生与崛起，得益于区块链技术的技术驱动力，它直接为区块链公益提供最为基础的底层技术架构和蓝图，使去中心化、去信任的公益慈善理想变为现实。

从区块链公益的逻辑层面来看，区块链技术非常重要，但它不是促进区块链公益迅速崛起的根本原因，只是表现为一种基础性与奠基性的技术。区块链公益的迅速崛起自然另有根源。

深挖传统公益领域的发展模式，传统公益的局限与痛点在新的时代背景下不断地呼吁新生力量，而这种内在的呼吁其实是一种需求的表达。譬如，互联网、大数据和人工智能背景下的公益，虽然在技术层面对现实空间中的公益模式进行模仿，并在模仿的过程中解决了公益领域各环节的连接问题，但并没有很好地解决服务过程的透明度、公益慈善资源捐赠平台的信任和公益慈善资源的精准衔接等问题。而区块链技术有助于解决这些问题。由此可见，区块链公益发展的根源在于传统公益慈善的需求，其亟待从一个新的技术领域突破自身发展模式的局限，所以才成就了今天的区块链公益。

因此，区块链公益的迅速崛起，是由传统公益慈善本身的需求所牵引的，加之政府的引导、号召和政策支持，以区块链技术为支撑的区块链公益开始为传统公益提供应用解决方案，也开始从技术逻辑层面转向实际应用层面，为现行的公益模式注入了新的"技术灵魂"。

早在 2016 年 7 月，蚂蚁金服公益平台在其官网宣布，要引入区块链技术，打造一个每笔善款的去向都能被追踪的"区块链+公益"服务平台。随后，蚂蚁金服开始在该领域进行大胆尝试。截至 2019 年 6 月底，入驻蚂蚁金服区块链公益平台的公益慈善机构已经超过 700 家，总计有 3 600 多个公益慈善项目的善款"上链"进入该平台。由于有区块链作为底层技术保障，加之蚂蚁金服自身的品牌效应，当时慈善资源捐赠总人次就已经达到 11 亿次之多，捐赠的善款更是达到了 15 亿元之多。由此可见，蚂蚁金服推出的"区块链+公益"模式已经在大范围内得到了慈善资源捐赠群体的信任。

关于公益慈善领域的信任问题，蚂蚁金服借助区块链技术实现了对公益项目各个环节的监督与追踪，并做到了公益慈善领域的透明化，让广大公益慈善资源捐赠群体能够知道公益平台资源的"来龙去脉"，也就是可以清晰地呈现平台公益慈善资源来源的 IP 地址、捐赠者的基本信息（如联系方式、姓名等）、捐赠者对应的捐款数量、捐赠者捐款的类型（如衣物、食物与钱款等）、平台的公益慈善资源总库存等。最重要的是，借助区块链技术，蚂蚁金服区块链公益平台能够彻底地追踪资源的流向，能够充分发挥平台的监督与规范作用，保证公益慈善平台的每笔善款都能实现其真正的公益价值。

区块链公益的价值可以从一个具有警醒意义的案例中凸显出来。如果公益慈善平台不能很好地监控与追踪资源的"来龙去脉"，那么就很容易破坏公益慈善事业的形象。譬如，某男性在公益慈善平台声称自己的妻子骑摩托车发生交通事故造成重伤，急需巨额医药费用，所以在公益慈善平台上开通募集渠道，募集资金目标是 80 万元。随后警方介入调查发现，该次公益慈善资源募集方所描述的情形与现实情况不相符。

互联网公益慈善平台自诞生以来，在发挥重大作用的同时，也受到一些现实因素的影响，导致公益慈善捐赠方的情感受到了一定的伤害。一些网友在相关博客平台表示，传统的互联网公益不可行，有可能会被他人的"苦情戏"所欺骗。更有个别别有用心的人，甚至伪造各种证据来骗取公众的良心钱。在这种情况下，一方面，传统的互联网公益慈善平台背负巨大的压力，公益慈善资源捐赠者的情感受到重创；另一方面，那些真正需要帮助的困难群众，无法得到更好的回应和帮助。也就是说，之前发生的这些公益慈善乱象，正在损坏整个公益慈善领域的信誉和形象，信任问题已经成为阻碍其发展的重要问题。

然而，将区块链技术引入公益慈善领域之后，如上所述的问题在很大程度上得到了改善。得益于区块链的技术优势，互联网公益慈善平台中潜在的公益慈善信任问题、诈骗问题等都能够得到有效的解决。区块链公益慈善平台是一种透明化、可追溯和防篡改的平台，在平台上能实现数据的可信存储，结合数据多级加密和多维权限控制技术，可解决电子数据易伪造、易篡改、难溯源、难校验的问题。另外，智能合约自动执行，公益地址公示并自动分发，全程公开、透明，这自然能够得到捐赠人的信任[1]。这

1　王涛. 区块链如何解决慈善公益中的"诚信痛点"?[J]. 中外管理，2020(4)：70-71.

样，既方便平台方随时查证资源服务对象的具体资料，实时监控服务对象所要募集的资源的具体用途，又可以使公益慈善捐赠群体实时查看自己捐赠的善款去向，甚至还可以通过向平台提出申请来查阅该次善款具体帮助到的个人，从而帮助他们确立一种信念：区块链公益确实可以帮助困难人群摆脱困境。

区块链公益平台的数量正在逐渐增加，腾讯区块链公益平台、蚂蚁金服区块链公益平台、区块链公益扶贫平台、区块链公益联盟平台、淘宝公益平台、京东公益平台等，都在尝试引入区块链技术解决方案，不断将区块链公益推向更加成熟的发展方向。当然，随着区块链公益平台数量的增加，与之相关的公益服务场景也越来越多样化。从各大区块链公益平台的服务场景来看，已经包括"区块链公益寻人链""听障儿童重获新声""银龄关爱计划""爱心蓄力重疾家庭""关注乡村教育""留守儿童""留守老人"和"孤寡老人"等场景，场景的范围已基本涵盖各个年龄层的弱势群体。并且，在疫情防控期间，区块链公益也发挥了极大的"抗疫"作用。

总之，区块链公益的发展得益于区块链技术、公益需求和政府推动等多方面因素的共同作用。在其发展的过程中，又因为各种应用解决方案与平台的成功运行而不断地得到巩固与落实，极大程度地促进了区块链公益模式的普及与落地。

三、区块链公益：为何优于传统公益模式

区块链公益是指以区块链技术为基础的新型公益模式，是在传统公益的基础上嵌入区块链技术之后形成的公益模式。那么，我们应该怎么理解区块链公益模式的革命性作用，以及它是如何借助区块链技术实现

对传统公益模式的超越的呢？这就需要重新回顾传统公益模式的优点和弊端。

众所周知，传统的互联网公益在诞生之初，也同样被认为是一种具有颠覆性的公益，因为它相较于现实空间中的更为传统的公益模式，已经能够做到在捐款、资源管理、受捐者申请和发放捐赠物资等方面的网络化衔接，给公益慈善领域带来了很大的便利，也的确可以快速且便捷地帮助一些身处困境而无法迅速脱身的弱势群体。这样一种互联网公益模式，募集公益慈善资金的成本相对较低，而且募集对象的覆盖面非常广，甚至可以说只要是互联网覆盖的区域，互联网用户都有可能成为资源捐赠主体。因此，在互联网公益盛行之初，其发展速度与规模非常惊人，所取得的成效和影响也非常大。

然而，传统的互联网公益模式本身也潜藏着一些风险和危机。传统的互联网公益慈善平台对于发起众筹的要求与门槛相对较低，加之平台本身的注册资格认证环境也较为宽松，导致其中存在牟利的空间。因此，在该模式发展后期，部分网络用户开始"玩套路"，并以公益慈善的名义"套取"捐赠方的善款。更严重的是，为他人提供筹资的平台本身就是一个牟利的平台，很容易发生卷款潜逃的危险。如此一来，在情感上受伤害最大的对象是公益慈善资源捐赠主体。实际上，对于发起捐赠的对象而言，他们的希望有可能会被某些平台剥夺。

传统的互联网公益模式由于它的匿名性、开放性和虚拟性等特征，无法有效地保证整个公益慈善环节的可管、可控和可监督，使骗捐行为时有发生。为了应对各种潜在的风险，互联网公益在谋求变革的过程中，采用了一种更具有可操作性的创新模式，将线上的筹款与线下的筹款相衔接，提高了筹款平台的注册要求，加强了对各项资金的监督与管理，效果较为明显，在很大程度上弥补了其自身的缺陷。但是，这种模式本身的监督与管理都需要耗费非常高的成本，而且有些筹集善款的过程很难溯源与监控，所以这种模式一直在呼吁一种新的技术手段来弥补它的缺陷。此时，随着区块链技术的发展，区块链公益模式受到了极大的关注，这主要是因为区块链公益模式在很多方面超越了传统的互联网公益模式。

首先，是低成本。传统的互联网公益的善款多是在筹集之后，交由银行等第三方代为保管，需要支付给银行一定的中介费用。但区块链公益在初期就已经开始尝试缩减其捐赠程序，区块链公益慈善平台在收到受赠群体的申请之后，直接为其开通专门的筹资渠道，当善款筹集目标实现之后，区块链公益慈善平台在通过监督审计的审核之后立即将善款转账到受赠群体的相关账户中。这个过程不仅节约了善款保管成本，更重要的是，其直接通过筹款的方式对受赠群体的需求进行回应，减小了时间差，能够为平台带来诸多便利。尤其是当一些善款捐赠方直接捐赠物资时，平台作为连接双方的中介，不需要将这批公益慈善物资放进平台仓库，而是直接让捐赠方将其送到受赠群体手中，从而完成一次捐赠服务，这样降低了平台对资源的管理成本。

基于区块链点对点的特点，也可以点对点完成交易。可在公益领域搭建一个不需要第三方组织作为中间方进行款物流转的区块链网络，让捐赠方和受捐方直接点对点完成捐赠行为[1]。这样做不仅能降低公益慈善领域的整体运营成本，包括人力成本、资源管理成本等，而且能将原始的部分运营与管理成本直接转化为集中到服务对象身上的具体资源，进而提高了公益慈善服务的质量和效率。

其次，是可信任。区块链公益解决了传统公益中存在的信用问题，将公益的覆盖面从个人的、区域的转变为全民的、全社会的。将区块链应用于公益慈善领域，可以有效地解决公益慈善信息不透明的问题，提高慈善机构的公信力。利用智能合约，可使公益行为完全遵从预先设定的条件，更加客观、透明、可信，杜绝暗箱操作、项目造假等行为。在可预见的未来，区块链技术必将赋予我国公益慈善更多的功能，对传统公益慈善的透明度、隐私性和安全性等方面存在的问题进行优化，助力

---

1 徐云峰. 着力打造透明可信的区块链公益平台[N]. 中华读书报，2020-04-08(17).

构建一个高信任感的公益慈善生态系统[1]。换言之，由于区块链本身的去信任属性，它将各种信任的机制通过智能合约的方式变为一种算法信用模式，由它构建的区块链公益自然附带可信任的技术特征。基于区块链技术的公益活动，任何个人与组织都是可信的，即便出现一些问题与漏洞，也很容易借助区块链的溯源机制找回因此丢失的善款。

因此，区块链公益从根本上解决了信用问题，这是它相较于互联网公益模式而言所具有的本质优势。这在很大程度上意味着，现有的区块链公益模式，其实是在吸收互联网公益模式优势价值的基础上，重新以技术的方式将原有的社会契约思想与秩序规约引入公益慈善领域，为规范公益慈善领域的秩序带来了新的技术契机。与此同时，解决信用问题实质上就是在向社会全员掷地有声地宣告：如今的区块链公益模式是值得信任的，参与的公益各方也是值得信任的。人们不用担心自己的良心钱会被不良分子利用，可以放心地帮助那些真正需要帮助的人渡过难关。这样也有利于消除慈善捐赠人和社会大众对慈善组织的怀疑，提高慈善组织的公信力，从而促进慈善事业的发展。当公益组织有这样一个能够获得外界信任的机制时，人们就会没有顾虑地进行慈善活动[2]。这样，整个公益慈善领域的氛围就会得到改善，并且吸引更多人参与公益事业，从而逐渐将公益变为人人相信的公益，也就是全民参与的公益。

最后，是可监督。区块链公益的可监督属性主要得益于区块链技术的可追踪技术，在公益的各个环节嵌入区块链技术之后，区块链公益平台的各种公益活动及其细节，都会被记录下来并保存。与此同时，由于区块链公益平台本身的防篡改属性，整个区块链公益将会被清晰地记录下来，而不会像互联网公益那样容易被篡改。也就是说，区块链公益平台的可监督属性主要源于区块链的密码学技术与智能合约技术，进而保证被实时记录

1　魏昂，黄忠义，刘曦子. 区块链技术在公益慈善领域的应用与研究[J]. 网络空间安全，2019，10(7):
　　55-59.
2　王嘉，陈海峰. 区块链技术在中国慈善事业中的应用分析和研究[J]. 电脑与信息技术，2017，25(6):
　　57-59.

的数据的真实性与可靠性。这样，各种监督与审计过程就变得非常方便，只要通过技术手段就能调取与查证相关的数据信息。借助于区块链技术，现有的区块链公益平台已经基本能够实现公益慈善过程中信息与行为的全流程存证、公益慈善全周期的阶段追溯与审计，一旦出现网络攻击或通过审核漏洞成立的项目，可通过区块链信息溯源使资产回流，将资产通过原渠道返还给资助人，从而进行项目补救[1]。因此，在对区块链公益平台实现实时监督的情形下，通常还能避免很多恶意攻击的行为，同时能够避免因为传统公益慈善平台监督不到位而导致的善款丢失的问题。对于如今区块链公益平台的各个环节与各个基础信息节点，人们都能够有效地进行监督和回溯，因此在平台遇到一些意外的情况时，可以从被记录的透明化的、处在被监督情形下的数据中找到想要的答案。

如此看来，相较于传统的互联网公益，区块链公益确实在信用、成本、安全和监督等方面更具发展优势，而且，区块链公益模式本身的发展更加符合深度科技化的现代社会的发展需求。随着新兴技术的不断发展，社会公众不断被卷入技术社会中，所以，大家自然就会对技术本身的发展提出更高的要求：技术本身必须是可信任的，而且要能给人一种安全感，否则很容易让人对相关的技术产品产生怀疑。区块链公益模式恰好回应了现代社会的需求，同时，它还在公益领域发挥着无法替代的作用。

四、普及与发展：区块链公益的推进策略

基于区块链公益的价值及优势，国家、社会、组织及个人要积极谋求

---

1 魏昂，黄忠义，刘曦子. 区块链技术在公益慈善领域的应用与研究[J]. 网络空间安全，2019，10(7)：55-59.

发展策略，不断推动区块链公益的落地应用，构建一整套符合国计民生的现代公益体系。国家互联网信息办公室曾刊文指出，区块链等技术的进一步推广应用，让公益机构建立起端到端、全过程、可执行、可监控、可评估的公益解决方案，使公益捐赠全流程透明度最大化，让每份捐赠真实可查。为了全面促进区块链公益的应用与发展，亟待从多个维度入手构建新时代的新型公益模式。

（一）做好区块链公益广告

广告就是广而告之的意思，也就是将某件事情公之于众，令众人知晓。区块链公益广告，就是指将区块链公益公之于众、令众人知晓。那么，如何才能做好区块链公益广告？从目前来看，预计要采取"两步走+三举措"的方式。

"两步走"的第一步，是要公开普及区块链技术。积极采取相关措施面向社会公众进行技术知识普及，公众只有在了解了区块链技术的内涵、特征、价值及其技术原理后，才能更进一步地了解和相信与之相关的产品及应用。"两步走"的第二步，是要公开普及区块链公益的相关知识，引导公众对区块链公益产生积极印象，让人们懂得如今的区块链公益的确是一种有温度、有人情味、可信赖的模式，而不是骗人的模式。

当然，在宣传的过程中，自然要迅速推出各种区块链公益应用场景，让人们通过手机端、电脑端与各类电子服务端口了解区块链的具体应用及成功案例。为此，需要借助"三措施"进行第二步的工作：首先，充分发挥嵌入区块链技术之后的智能互联网平台的优势，向全网推送关于新时代的区块链公益模式，并欢迎广大网友的监督和反馈，不断改进区块链公益平台的运行机制；其次，充分利用智能新媒体平台（如抖音和快手等）的传播优势，在植入区块链公益广告的同时，鼓励、支持大家做公益；最后，发挥多方协调监督作用，政府、公益平台、捐赠方和受赠方等区块链公益平台的参与者和受益者，要积极进行反馈和监督，还要关注平台可能出现的漏洞，积极完善平台建设。

如此一来，"两步走+三举措"的广告宣传方式能够得到相应的"正反馈"，进而形成关于区块链公益的闭环循环链。

（二）搭建区块链公益平台

搭建区块链公益平台，应该以区块链技术为底层技术支撑，围绕公益领域构建捐赠系统、授权系统、资助系统三个基本子系统。在区块链公益平台中，基本可以剔除传统公益平台中用于提供款物交易的服务系统，其功能已经被区块链技术本身的功能所取代。

各个子系统又涉及项目管理、行政管理、档案管理（如捐赠者信息管理、受助者信息管理等）、监督审计管理、财务管理与筹资管理、信息反馈管理、服务端口管理等功能，力争在区块链公益平台中有效回应各方需求，并在公开、透明与可追溯的情形下，全力打造一个"一站式"的区块链公益平台，进而实现"一站式"解决"资助申请—筹款—资源管理—资源发放—审计监督—项目进度查询—项目成员办公—资金来源与去向核实—志愿服务"等一系列问题，营造一个轻松自在、双向反馈、多渠道互动与大规模运行的区块链公益平台，从而最大程度地发挥区块链的技术优势。

（三）组建区块链公益团队

人才是发展区块链公益的第一资源。为了有序推进区块链公益模式的应用落地，培养高质量的区块链公益人才至关重要。在区块链技术发展的时代，各行各业对区块链人才的需求都在剧增，所以目前各领域出现的区块链人才缺口已经不足为奇。但相对于其他行业，区块链公益行业在区块链人才引进方面会遇到较大困难。因此，需要重点思考如何高效组建强有力的区块链公益人才队伍的问题。

从目前来看，要组建区块链公益人才队伍，首先需要重新定义何为区块链公益人才。区块链公益人才需要兼具区块链技术与公益慈善双重背景，不仅要熟悉区块链技术的运行规则，还要熟悉公益慈善的理念及其运行秩序。换言之，组建区块链公益人才队伍，需要复合型的技术人才。较为可行的方法是首先在公益慈善领域引进区块链技术人才，然后培养其公益慈善思维，也就是在搭配多样化人才的同时，从内部培养与孵化属于该领域的专业化人才，然后促成区块链公益人才团队的可持续发展。

（四）塑造区块链公益联盟链

塑造区块链公益联盟链有利于扩大区块链公益的影响力和号召力，同时能够汇聚多方力量共同推进区块链公益事业的发展。苏州的"公益守护联盟"、北京的"公益链"、中国红十字基金会等公益组织联合发起的"阳光公益联盟链"等都是区块链公益联盟思想的应用。该联盟模式本身的发展在很大程度上是区块链公益早期发展的一种表现。各区块链公益平台需要相互联合起来，在服务融合与相互补充的同时，将各自抵抗风险的经验共享，从而迅速有效地解决联盟链中各个公益组织的技术难题，以及传统遗留下的信任问题与成本问题。像蚂蚁金服区块链公益平台这样的大型公益平台，虽然它自身没有直接命名为一个区块链公益联盟，但在本质上已经与区块链公益联盟较为相近。从其各门各类的公益慈善服务来看，区块链公益联盟链确实在服务对象的覆盖面、技术经验的共享、平台各方的相互证明与依靠等方面具有重要价值。

最重要的是，如果能够推动各个独立的区块链公益组织与其他组织进行联合，并吸引更多的区块链公益组织进行联盟，就能够将区块链公益事业的发展推向更加成熟与完善的阶段。因此，各大区块链公益组织应该积极谋求合作，在发挥各自优势之余最大限度地推动区块链公益模式的快速发展。

（五）创新区块链公益制度

将区块链技术应用于公益慈善领域，为传统公益模式带来了技术应用解决方案，也促使产生了一套全新的制度思想，这便要求现行的公益慈善领域的制度需要进行相应的调整与完善。

从目前来看，区块链公益是一种新型公益模式，相较于传统的互联网公益模式而言，它在本质上是一种基于区块链技术的公益模式创新。但是，制度的完善是发挥区块链技术优势的必要保证，正式制度如法律法规、行业标准等是区块链发展的要件[1]。那么，要想迅速推进区块链公益的持续健康发展，就需要对区块链公益制度进行创新。譬如，在区块链公益模式下，就其服务的制度边界来看，其制度应该对此做出明确的规定，要能明确地回答是否接受国外捐赠资本、哪一些受助申请符合要求、受助申请应该准备哪些材料等详细问题，以便促进区块链公益的制度化、常态化和规范化发展。

---

1 刘阳荷，宋琳. 区块链：技术创新带来的制度变迁[J]. 科学与管理，2020，40(1)：17-23.

第八章

数字身份：区块链让大家知道"你是谁"

人，总以某种身份出现。在现实世界中，人们最不可或缺的就是自己的身份。那么一个人的身份到底是什么？数字身份又是什么？自主身份时代真正到来了吗？区块链赋能数字身份，让大家知道你是谁，这样的时代应该就是严格意义上的自主身份时代了！

数字身份和区块链技术之间具有高度契合性，两者相互协同、互相促进、共同发展。在智能时代，发展数字身份是大趋势，而区块链技术为数字身份的发展提供了一个相对安全、可信的方案，基于区块链技术的数字身份应用正在潜移默化地改变人们的生活和工作，未来发展空间巨大。

一、数字身份：个人身份的数字化密码信息

如今，新一代信息技术深度发展和快速普及，智能化和数字化浪潮汹涌而来，人们的生存方式发生了巨大的变化，世界逐渐被重构。不仅个人的姓名、性别、电话等被数据化，甚至连个人的容貌、神态、眼神也被数字化，留痕于网络空间中，"数字身份"悄然兴起。2019 年年初，在阿里巴巴达摩院发布的《达摩院 2019 十大科技趋势》中，数字身份位列其中。随着传感器的普及、模拟自然技术的融合，每个设备都将更智能地"看""听""闻"。基于区块链技术的生物识别和活体技术将被重新定义与运用，从设备解锁、门禁解锁，到商场买单，再到高铁安检及求医问药，数字身份将成为人的第二个身份证，"数字人"走遍世界各个角落的时代正在到来。

从社会意义上说，身份是指一个人在一定的社会体系中的位置，或者是指一个人在社会生活中与他人发生关系时的社会位置[1]。可以说，身份是人最基本的个体存在证明。在日常生活中，身份常常被诠释为人的出身、阶层、职业、地位、状态等。无论身份诠释什么内容，都是从不同的维度去说明"我是谁"的。因此，我们在线下办理证明时需要出示身份证，在线上要进行实名制手机号认证、银行卡认证、支付宝认证，甚至疫情防控期间要出示健康证明等来诠释"我是谁"。当人们通过区块链证明"我是谁"时，就把个人与现实身份准确无误地对应起来，从而确保办理的手续及享受的服务是精准的，避免使用假身份或伪身份进行签约的情况发生。

数字身份的概念来源于人们对传统身份的看法，但又区别于传统身份的概念。对于数字身份的含义，国内外学者并没有统一的定义，主要从数字身份的使用情景和信息内容两个角度进行解释。从使用情境角度看，邱仁宗等认为，数字身份可以理解为"在线身份"（online identity），是指一个人在互联网上使用的身份，当从事在线活动时其身份主体能为电子技术手段可及[2]。从信息内容角度看，玛丽特·汉森（Marit Hansen）等认为，数字身份是用以表示个人资料或包括人的感知（human perception）的个人资料集[3]。数字身份的内容不仅包含出生信息、个体描述、生物特征等身份编码信息，还涉及多种属性的个人行为信息，如微信存储的社交信息，支付宝存储的交易信息，游戏、视频软件存储的娱乐信息等，这些不同属性的信息都是个人数字身份的一部分。当然，语言是人类区别于动物的一个特征，也是影响现实生活中人们身份认同的因素之一，在网络空间中，对语言进行编码，可使数字身份主体的语言以数字化的信息代码的形式呈现[4]。总体而言，数字身份可将真实的个人身份信息转化为数字代码形式的密码信息，将个体可识别地塑造出来，并能够实现对个人的数字信息的搜索、

1　陈国强. 简明文化人类学词典[M]. 杭州：浙江人民出版社，1990：260.

2　邱仁宗，黄雯，翟晓梅. 大数据技术的伦理问题[J]. 科学与社会，2014(1)：36-48.

3　Hansen M，Pfitzmann A，Steinbrecher S. Identity management throughout one's whole life[J]. Information Security Technical Report，2008(13)：83-94.

4　迈克尔·海姆. 从界面到网络空间[M]. 金吾伦，刘钢，译. 上海：上海科技教育出版社，2000：20.

查询和证明。

以上我们讨论的是狭义的数字身份，广义的数字身份涉及面非常广。互联网上不仅包括数字化的人的信息，还包括企业、组织、团体甚至物品等有关信息。特定实体物理身份的数字化版本可以称为广义的数字身份。比如，文物可以形成自己的数字身份，以便人们更好地研究。世界经济论坛（WEF）从使用属性的视角将数字身份定义为实体物品独特属性的集合。正因为有了可信的数字身份，互联网上的信息才可以传递和共享，商品流通和商贸合作才能更好地开展。本书讨论的数字身份主要是指狭义的数字身份。

目前，由公安部第三研究所开发的 electronic Identity（eID）工具，已经成为国内网络电子身份的重要标识。eID 采用国产自主密码技术，依靠智能安全芯片载体功能，既能够在保障身份信息安全的前提下在线识别身份主体，也能够用于线下身份证明。eID 可以理解为一串阿拉伯数字编号，其主要作用是认证，应用场景范围受到限制。

我们的身份信息分布在不同的平台上。例如，当当网、淘宝等购物软件存储着交易信息，微信、QQ 等聊天软件存储着社交信息，优酷、网易云音乐等影音软件存储着娱乐信息。不同平台的信息相互补充、相互印证，共同组成了我们的数字身份，成为个人身份信息在网络空间中的身份映像。一个人在网络中留下的痕迹越多，其数字身份就越完善，在网络中的画像就越清晰，越有利于在社会各个领域应用。

随着数字身份在各个领域的不断应用，其重要性也在逐渐上升，数字身份正改变着社会的发展动力和发展方式。与传统身份系统相比，信息数字化大幅度提高了社会的整体工作效率，最大限度地释放了用户价值，从而使用户、服务提供方、政府服务部门等多方都可从中获得好处。

对于用户来说，通过数字身份可以更加灵活地使用个人信息。用户不仅有权控制其他人对个人数据信息的访问，还可以决定何时何地以何种方式公布个人信息。此外，个人身份信息的数字化有助于用户更便捷地与外界进行交往、交易等；有利于用户保护个人隐私，防止用户受到非法行为的伤害。

对于服务提供方来说，通过数字身份可以实现“私人定制”。服务提供方可以利用用户在网上留下的“痕迹”对用户特征制作“画像”，从而有针对性地提供产品和服务，提高服务的精准性和效率。同时，数字身份能够从流程上有效替代传统繁杂、重复的纸质证明，大大降低了参与者的沟通协调成本，提高了办事效率。

对于政府服务部门来说，通过数字身份可以更加高效地与公民进行沟通。数字身份中记录着公民关键的身份数据和行为信息，面对不同的公民及其需求，政府可以对其提供相应的帮助，从而提高政务服务水平。同时，对监管部门来说，借助数字身份系统可以强化监管，提升监管的针对性和有效性，从而提升社会治理能力。

在智能时代，互联网和数字化的快速发展进一步凸显了数字身份的重要性。现实生活中的个人真实身份映射到网络空间成为数字身份，但二者并不一一对应，数字身份有其自身的特征。

一是隐匿性。生活中的身份信息如姓名、性别、职业等，往往属于公开内容，而数字身份则常常以网名、艺名的形式出现。而且，许多权威机构的研究表明，几乎所有人都希望在陌生网络区域使用网名。虽然现在国家层面要求严格落实实名制，并且已经取得了很大成果，但实名制的落实仅仅是在注册流程中实现的，并不显现于公开页面。匿名、艺名、网名等更能让网友体验网络的自由感、爽快感。因此，人们的网络头像常常是一幅风景画、一只动物、一句箴言等，而较少使用自己的真实照片；使用的语言也多是“网言网语”，而不是现实语言。此外，人们能够对自己的数字身份进行加密权限设定，包括自己真实信息的公开范围、程度和对象等，而不在授权范围内的其他人将不能清晰、完整地看到数字身份对应的生活身份，即使能够看到，也是模糊化、剪辑后的版本——数字身份依然具有隐匿性。

二是虚拟性。生活身份相对稳定，“我就是我”，但数字身份是经常变换的。数字身份不具有实体性，仅仅作为一种符号，不能实实在在地反映身份主体现实的存在方式和存在状态，以虚幻感、科技感的形式展现生活身份。数字身份存在的网络空间是虚拟的、行为是虚拟的、作用对象是虚拟的。虽然网络已普遍实行实名制，但用户仅可获得身份认证，对个人信息并没有控制权，信息主体与控制主体不一致，随之也就产生了很多问题。例如，无法确定正在使用这一数字身份的用户究竟是不是其本人，难以从源头上追溯数字身份信息的真实性，更难以将现实身份与网络身份相对应。在无形的网络空间，人们以无形的比特形式传递着虚拟自我的特定信息，以独特的通信和交流方式表现着虚拟空间中的虚拟实践[1]。

三是流动性。数字身份可以注册、修改、更新、隐藏、注销等，具有流动性。从数字身份表征的内容来看，数字身份是通过信息来构建的，身份主体可以选择如何表达自己，这从根本上给了人们塑造身份的机会[2]。随着客观因素如时间、地点等的变换，以及主观因素如意愿、行为、情境等的变化，主体既可以选择数字身份是否公开及公开程度，又可以选择是否停用及是否注销数字身份等。

二、痛点消解：区块链在数字身份方面的应用

在社会生活中，人们通过神态、言语等来展示自己的身份，很多时候有能力控制自己的身份信息，将有关信息提供给需要的人；接收者也能迅速定位、确认信息的发出者。但在网络空间中，信息流动包括传输、接收、存储等多个环节。这些环节不仅使发送文件、视频、音频、图片等信息的主体不容易掌控自己的身份信息，也使接收者难以快速确认信息发送者的真实身份。因此，网络空间中数字身份与现实身份的一致性难以得到保证。

---

1 谢俊. 虚拟自我论[M]. 北京：中国社会科学出版社，2011：278-279.

2 乔伊森. 网络行为心理学[M]. 任衍具，魏玲，译. 北京：商务印书馆，2010：122.

随着互联网的广泛普及，通过网络交换信息的重要性日益突显，服务提供方、银行、交易所和其他集中存储个人信息的机构泄露用户数据的情况时有发生。同时，严密的风险监控及多样的控制工具也无法降低该风险。

当前，数据被称为新时代的"石油"，被当作一种宝贵的战略资源和重要资产。拥有数据意味着拥有创造财富的巨大潜力，销毁或公开数据信息或成为参与竞争的重要手段。从这个意义上说，存储设施的弱点是一个拥有数字财富的组织要重点考虑的问题。可以说，如何存储、利用数据，在一定程度上决定了一个企业能否盈利、能否走得更远。

当前，数字身份在发展过程中存在一系列的痛点，亟须我们解决。这些痛点主要表现在以下三方面。

首先，基础设施不完善。用户的数字身份信息种类繁多、丰富多样，且不同行业、部门、组织、企业等往往都有各自的数字身份系统。一个公民在多个系统拥有个人信息，这不仅造成了数据存储资源空间的浪费，还造成了系统之间相互认证流程复杂、认证成本较高，严重降低了数字身份构建及使用的效果。用户使用不同的服务需要进行多次不同的认证，且主要通过复杂、低效的手动操作完成，用户体验不友好；传统中心化身份认证依赖于单一系统的稳定性，一旦宕机或者中心化机构出现数据泄露，则影响系统整体的服务水平，并造成信息安全事件。譬如，政府身份系统与商业身份系统所输入的个人信息不统一，彼此之间的系统处于隔离状态，不能相互共享，系统之间难以进行协同管理，而系统之间的相互认证又需要耗费大量的时间和精力。

其次，隐私保护困难。提及数据隐私，我们常常会想到《通用数据保护条例》（GDPR）。该条例是由欧盟于 2016 年 4 月推出的，目的在于遏制个人信息滥用，保护个人隐私，该条例于 2018 年 5 月 25 日正式生效。根据 GDPR 规定，企业在收集、存储、使用用户个人信息时，要获取用户的同意；个人数据是个人的私有财产，个人对自己的数据有百分之百的控制权。然而，现实中的真实情况是个人隐私数据很容易被截获，不法分子通过对这些数据进行分析，定位目标用户，进而对其进行诈骗，从而使用户的财产及相关利益受损。

最后，个人失去身份控制权。不管是传统身份系统，还是数字身份系统，个人数据似乎都归政府或企业所有，个人无法真正地控制属于自己的个人信息。当用户把自己的身份信息提供给需要认证的企业时，用户就失去了控制权，没有办法保证身份信息不被售卖或不被用于其他商业目的。

什么样的数字身份才算是好的数字身份？2018年，世界经济论坛提出了好的数字身份应具备的五个重要因素：一是可靠性，可以建立对其所代表的人的信任，行使其权利和自由，以证明其有资格获得服务；二是包容性，任何需要的人都可以建立和使用数字身份，不受基于身份相关数据的歧视风险影响，也不会面临排除身份的验证过程；三是使用性，有用的数字身份易于建立和使用，并且可提供对多种服务和交互的访问，方便各方使用；四是灵活性，个人用户可以选择如何使用与其相关的数据、共享哪些数据以进行哪些交易、与谁交易及持续多久；五是安全性，包括保护个人、组织或各种设备免遭身份盗用及滥用，不会出现未经授权的数据共享和侵犯人权等行为。

由此可见，与身份证、房产证、驾驶证、结婚证一样，数字身份首先需要一个强力担保机构，通常依靠政府的力量来进行。当下用户的绝大多数社会行为信息基本掌握在各类企业手中，社交、支付、娱乐、运动、旅游等涉及不同的企业，这些企业在构建用户数字身份中起到举足轻重的作用。采用什么技术进行身份认证，成为人们探讨的一个具有重要现实意义的课题。

早期的身份认证主要采用账号、密码的口令形式。用户需要在网站或应用平台上进行注册并记住自己的账号、密码，作为登录的凭证。如前文所述，每个平台都有自己的认证体系，用户在不同的平台之间无法互联互通。因此，用户需要记住不同平台对应的账号和密码，而若设置简单或重复的密码以降低记忆成本，又可能会由于密码泄露导致用户的信息安全甚至经济安全受到威胁；过多的平台导致用户账号管理困难。其中，任意一个账号信息被泄露，用户隐私将被无限扩散，导致用户面临骚扰电话和短信，并且存在安全隐患，甚至可能造成财产损失。公开资料显示，约80%的用户不喜欢账号注册的烦琐过程，35%的在线购物者因为没有账户放弃了购物。

鉴于账号、密码口令认证方式应用不便等问题，支持不同系统间的统一认证技术方案呼之欲出。

利用社交媒体账户关联注册登录已成为替代在线注册的主流选择。这种方式可让互联网用户使用平台现存信息进行单点登录。在这里，我们需要提及一个概念——OAuth协议，它主要适用于个人用户对资源的开放授权。目前主要使用的是OAuth 2.0协议，但它并不兼容1.0版，可以说与1.0版没有关系。

OAuth 2.0协议关注客户端开发者的简易性，要么通过资源拥有者和HTTP（超文本传输协议）服务商之间的被批准的交互动作代表用户，要么允许第三方应用代表用户获得访问权限。该协议同时为各种应用和设备提供专门的认证流程。以微信为例，第三方平台首先审核软件，审核通过后获取App ID（应用的唯一标识、手机应用程序软件编号）和App Secret（私匙，相当于密码），然后在微信开放平台注册开发者账号，申请使用微信登录功能且通过审核后，可开启接入流程。新用户登录该平台时，会显示微信一键登录按钮，如果用户手机没有安装微信则会提示安装微信App。

如此一来，用户只要轻轻滑动手指就可以完成注册登录操作，节省了大量填写材料的时间。对于用户来说，关联性登录带来愉悦的体验，所以在现阶段应用非常广泛。

OAuth 2.0协议具有简单、开放、安全等许多优势，但也存在一些弊端。例如，在人们比较关注的安全性上存在一定的隐患。香港中文大学的研究人员曾于2016年11月发表文章称，使用OAuth 2.0协议可以轻而易举地登录十亿个移动"轻应用"账户。研究人员发现，若第三方应用程序错误地使用 OAuth 2.0 协议，能让用户在毫不知情的情况下被黑客远程控制。

OAuth 2.0 协议的安全漏洞只是它的一个问题，而如何保护用户数据是网络空间亟待解决的问题。数据存储方会尽全力保护用户个人信息，但成本相当高。公开资料显示，仅英国每年的身份确认成本已经超过 33 亿英镑。而且，这些成本并不包括后续因储存、保护、违约、管理等环节导致的成本。

基于社交应用的统一认证往往仅支持用户登录，在涉及用户核心敏感信息时，如转账汇款等，一般需要通过短信、语音或视频方式确认用户的真实身份及操作的合法性。这种方式不仅会影响用户的操作体验，而且可能会让用户面临手机号码泄露带来的隐私安全风险。

针对传统身份认证的一系列问题，区块链技术提供了一种新的思路。区块链是一种由多方共同维护、以块链结构存储数据、使用密码学保证传输和访问安全、能够实现数据一致存储、无法篡改和无法抵赖的技术体系。依靠多方参与的分布式账本技术，可实现运营商之间的合作机制；通过基于密码学原理的非对称加密、智能合约及零知识证明的方式，可保护个人隐私数据不被泄露和盗取；通过将数据使用的决策权归还给用户，可解决用户身份数据使用的合法合规性问题，同时提供对接用户、运营商和需求方的创新性思路。因此，区块链与数字身份之间存在着天然的契合性，对有效解决数字身份领域现存的痛点问题，尤其是个人信息安全和隐私保护、身份数据使用权和控制权等问题具有重要价值。

三、"珠联璧合"：区块链与数字身份的契合性

通常在区块链中，每个区块都会以"时间戳"的方式记录所有的交易数据，多个区块通过哈希函数链接前后节点，每个区块都能找到前后节点，

形成一条安全、完整的交易链条。区块链具有难以篡改、可溯源、高安全性等优点，并且去中心化的每个节点"享有"平等的权利和地位，独立、同等地位地参与记账，对不符合协议的数据行使"否定权"，对合乎协议的数据使其及时"上链"，数据交易、价值传递过程合规、透明。

区块链的去中心化是其区别于传统的分布式一致性协议最显著的特征。区块链上的每个节点之间没有任何中介，基于共识建构信任，点对点直接交易，并且将"痕迹"同步至各个节点，避免了传统中心化数据存储一旦受到攻击数据信息就"全军覆没"的危险。

除了去中心化，共识机制是区块链的核心技术之一。说到区块链，必然会谈及其共识机制；不了解区块链的共识机制，就无法理解区块链的真正意义。区块链上的共识机制主要解决由谁来构造区块，以及如何维护区块链统一的问题，其利用技术背书，能够在决策权高度分散的去中心化系统中，使各节点在很短的时间内针对区块数据的有效性进行验证与确认，并达成共识。可以说，区块链技术正是运用一套基于共识的数学算法，在机器之间建立"信任"网络，从而通过技术背书而非中心化信用机构来进行全新的信用创造。

智能合约是区块链系统的又一大特性，它是一段自动执行的代码，这种代码由区块链上的所有节点参与制定，是参与主体让数据"上链"的"契约"前提。正因为智能合约的存在，才能够确保区块链实现全流程跟踪、信任、透明，保证数据的安全、有效传递。

正因为区块链技术具有无中心、分布式、共识机制、智能合约等优势，才使基于区块链技术的数字身份系统设计理念具有去中心化、平等式的"普选制"机制。各个参与主体的所有业务如同在中心化系统一样，各自管理自己的账号，但又可以通过智能合约机制彼此授权、共享数据。

比如，在电信领域应用区块链数字身份技术，将所有运营商的用户数据"上链"，其他软件如果需要身份认证，则需要访问才行。对其他软件来说，用户相当于匿名登录，这种方式有效保护了用户隐私，避免了个人信息泄露。如果第三方授权认证，就可以通过智能合约技术实现对授权平台数据信息的查询。所有参与主体都可以互相达成可信机制，通过区块链完成验证过程，获取认证结果。

只有保证用户数字身份的真实有效，其所关联的一系列活动、交易等的信息数据才真实有效。在数字经济时代，发展数字身份系统是必然的，区块链技术因具备去中心化、多方共识、难以篡改、公开透明、可追溯等特征，在一定程度上为其提供了一个有效可行的解决方案。因此，区块链与数字身份具有高度契合性，二者可谓"珠联璧合"。

四、技术支撑：区块链赋能数字身份

关于区块链的话题，人们已经热议了好几年。"淘尽黄沙始见金"，随着泡沫逐渐褪去，人们更加理性地看待区块链。区块链并非无所不能，但区块链技术在一定程度上确实可以弥补现有技术的短板。区块链作为智能时代发展起来的新兴技术，能为许多领域提供技术支撑，包括数字身份领域。

区块链的公/私钥、去中心化存储等技术可以有效保障账号信息，从技术上确保数据不被外界黑客攻击，并且能够保证用户对自身数据的绝对控制权，从而确保将数据存储转化为数据资产。区块链技术应用于数字身份，将从以下几个方面进行赋能。

首先，数据真实有效。由于其具有难以篡改、可追溯、全流程记录的特性，区块链可以保障"上链"后数据的真实性。基于区块链技术的数字身份，能够确保"上链"后的数据不可更改，并能记录各个数据流通的行动轨迹。当然，区块链技术可确保"上链"后的数据的真实性，对于"上链"前的数据，需要政府相关部门进行信誉担保；对于企业，所有需"上链"的数据需要实名认证，并用自身强大的信誉为其背书。"上链"后的数据能够在所有节点的"监督"下进行流通、共享、应用，所有路径可以实现全流程、全历史记录，证据每时每刻保存，方便及时溯源。同时，参与区块链系统的所有主体都可以在其他人授权的前提下共享信息。

其次，保护个人隐私。数据可以分为不同的种类，有些数据服务性强，非常有必要公开；有些数据则敏感，如个人职业、收入、婚姻状况、籍贯、健康状况等，这些数据的流通应当控制在一定范围内，并通过必要的设备和技术对这些隐私信息加以保护，确保数据安全。区块链的非对称加密技术有效保证了敏感隐私数据不被泄露。区块链技术可保证用户的隐私信息控制在用户的手里，用户决定并授权谁可以使用其个人信息，而不是传统模式下由存储数据者决定信息如何使用、由谁来使用。同时，通过非对称加密技术，区块链能够有效保护敏感数据的开放范围、透明程度。譬如，在注册或通过身份验证登录某一平台时，需要提供完整的身份证号或者实名制的手机号码等信息。此时，我们可以通过区块链的零知识证明技术，在不泄露过多信息的前提下，实现认证通过。

再次，保障用户信息更加安全。由于区块链技术存在去中心化、分布式、不可篡改的特点，用户信息"上链"后，不会因为受到物理攻击而丢失或者被篡改。同时，黑客不可能再像攻击传统中心式存储数据库那样，攻克中心即可拿到所有数据。理论上讲，黑客只有攻克所有节点才能使信息系统瘫痪，但在实际操作上，是很难攻击所有节点的。因此，区块链技术能够弥补现有技术的不足，确保用户个人隐私数据的安全。

最后，促进数据流通及共享。目前，不同的互联网平台及业务系统之间的"信息孤岛"和"数据烟囱"现象依然很明显。平台系统之间相互独立，彼此核心数据不会外泄，更不会共享。区块链技术的智能合约、共识机制及激励机制，能够有效驱动企业去"共享数据"，实现优势互补及数据传递中的价值最大化。区块链技术可实现对数据的确权，促进建立彼此信任的数据资产交易生态。与此同时，流通及共享并非无条件、不限范围地传递用户的所有个人数据。因为用户拥有对个人数据的控制权，通过区块链技术，用户可以进行选择、更改、删除和恢复等操作，通过自主授权，让个人数据应用于不同场景。

五、层次结构：区块链数字身份的构成

目前，区块链数字身份比较成熟的应用为身份认证。这主要是将个人行为与公安机构的身份证信息绑定，填充上手机号码、照片、社交、购物、运动等信息，实现相关证件的第三方审核验证。现以数字身份链为例，分析区块链数字身份的层次结构。

数字身份链是指将实名认证的用户数字身份加密部署在区块链上，网上网下使用的都是真实身份。数字身份链的隐私保护优势在于用户的匿名ID所对应的个人身份信息仅存储于 eID 中心数据库，并通过公安部的 eID 身份认证体系认证。同时，身份数据的相关行为都将永久记录在数字身份链上，很难篡改。

目前，网络欺诈严重危害互联网生态环境和社会公共安全，通过电子认证辨别网络各方身份的真伪是既满足应用需求又节约成本的最佳选择。企业可以通过在线身份管理服务的共用共享，实现对用户个人信息的管理，保护网络个人信息的安全。另外，数字身份链的可追溯性可以加强网络实体的可信管理，有效抑制非法买卖身份信息的现象，促进网络实名制更好地实施。

数字身份链采用多种身份认证技术，借助区块链网络进行多方认证，既能够证明"你是你"，又能够保护隐私。eID 数字身份链构建了相互关联的 4 个层次，分别为：eID 数字身份网络、数据层、服务层、应用层。

eID 数字身份网络是整个技术架构的底层，是以 eID 数字身份为索引，汇聚不同应用的数字身份一起组建的最底层数据关系。在该层，需要建立数字身份同各种应用数据的关联关系，以便能够通过数字身份找到各种关联数据，同时隔离各应用之间用户数据的关联，对身份信息起到隐私保护的作用。将数字身份作为整个链上数据关联的基础，衍生出各类扩展身份（如账号、职务）和数据，从而保证各应用中身份认证的正确性。

数据层是以身份数据为主体，关联其他数据一起组建的一个数据管理网络。在该层，需要通过数字身份建立链下原始数据与链上数据的关联，并将这种关联记录到链上数据目录中，从而保证可以通过数字身份找到链下数据，也可以通过链下数据找到数字身份。

服务层是以身份服务为首，关联其他服务一起组建的可信服务网络。不同服务根据自己的业务特点产生各不相同的数据，并将其存储到链下数据中心和链上数据目录。同时，每种服务都可能从一个或者多个链下数据库和链上记录中获取被授权的数据，以便能对外提供各种数据应用支持。

应用层由身份应用与其他应用一起组建。各应用是用户最直接接触的客户端程序，它可以将来自不同服务的数据通过加工整合起来，对外提供各种应用功能。同一个服务也可以支持多个应用，从而实现应用与服务两个层次的关联。

六、应用场景：区块链在数字身份领域应用前景广阔

区块链数字身份具有高效、多元、信任、普适、安全、可控和隐私保护的优势，可以提供防篡改、防抵赖、抗攻击、高容错的"高含金量"服务，能够实现"数据权威""中立"的共享和使用。

数字身份被人们称为多个领域数字化的基石，只有建构数字身份，政

府治理、公共服务、医疗服务、金融通信等领域的数字化才能逐渐丰富并完善起来。另外，随着人们"数据主权"意识全面觉醒及增强，区块链数字身份将在电子政务、企业服务、社会服务、行业服务等领域具有广阔的应用前景。

首先，在电子政务领域。构建区块链数字身份系统，能够将各政务区块的数据链接起来，为市民提供"闭门式""一站式"服务，能够有效提高政府办事效率，进而提高市民对政府的满意度。同时，信息共享更方便分析整体数据，进而提供意见建议，为相关部门决策提供数据支撑。例如，将社保、税务、房产、金融、银行等系统相关联，提供准确全面的数字身份信息，能有效促进大数据价值增值，将其转化为社会生产力，进而促进社会发展。2017 年，以 IDHub 技术为核心的数字身份系统 IMI 正式在佛山市禅城区启用，该数字身份系统可实现行政审批、医疗健康、公益慈善、养老助残等在线申报办理。

目前，很多国家已将区块链技术用于电子政务。比如，爱沙尼亚是第一个在国家层面实施数字身份系统的国家，可以让市民与相关部门之间共同解决政务问题。值得一提的是，爱沙尼亚基于区块链技术的不可篡改、去中心化的特征，推行基于区块链数字身份的投票平台。在该平台，每个数字身份持有者都可以在基于区块链技术的电子投票平台进行投票，从而有效提高公民投票的公正性、透明性、民主性。每个参与者的个人隐私信息都可以得到保护，并且投票"上链"的每个过程都不能篡改。因此，区块链数字身份投票机制能够大大提高民众参与投票的信心和积极性。

其次，在企业服务领域。对于企业来说，应用大数据、人工智能、云计算区块链等技术，能够更好地优化对人、财、物及事的跟踪管理，特别是人力资源的技能提升与优化考核、财务宏观规划与审计、物资采购与储存、项目监管与绩效评估等。区块链可以提供安全的平台用户身份认证服务，提高用户对平台的信任度，提升企业产品或服务的权威性。目前，全球各大运营商纷纷加入各大联盟，进行区块链应用研究。比如，在电信领域，美国电话电报公司、威瑞森电信、德国电信在美国的子公司 T-Mobile，以及美国通信巨头 Sprint 4 家公司组成移动数字身份验证联合群，并于 2018 年 3 月发布了引发热议的"移动验证平台"。该平台在经用户同意的前提下，可以为其他用户提供加密验证的姓名、性别、职业、电话号码等个人隐私数据，保证信息的全流程性、可追溯性、真实性。在我国，针对快递业和住宿业，中国移动于 2018 年 9 月上线"联核云身份证核验平台"，主要为这两个行业提供数字身份认证服务，发挥区块链技术防篡改功能，确保信息真实、可追踪，确保高效率地进行核验。

公开资料显示，澳大利亚 95% 的金融企业非常关注数字身份的发展，92% 的企业将数字身份放置在企业战略发展的角度进行考虑。2017 年，加拿大网络安全技术公司 SecureKey 与 IBM 携手上线数字身份网络，其基于区块链技术，可使用户通过银行提供的手机 App 验证身份，控制区块链"上链"凭证信息，并结合自身实际情况将相关信息共享给所选定的公司。同时，被选定的公司也可以核验该用户身份并及时跟进相关服务。2018 年，美国信用社联盟 CULedge 与区块链数字身份公司 Evernym 共同推出区块链数字身份系统，该系统能够使全世界的信用合作社为目前信息还不被金融机构掌握的近 20 亿人提供银行服务。2019 年，沙特阿拉伯自动柜员机提供商与 ShoCard 合作研发了生物识别自动柜员机，尝试将区块链技术和生物识别技术相结合，绕过"输入账号、密码""点击下一步"等复杂的程序，使用户通过面部识别提取资金。

再次，在社会服务领域。数字身份系统能够"挑战"社会各方力量，以技术优势构建一种新的信任机制，重塑人与人之间的信任关系，共享有价值的数据，在公益、协作、互助等领域大显身手。换言之，区块链技术实现了数字身份的"平等"对话，为身份自我归属的实现提供了令人信任的途径。

对于无家可归者而言，因其经常流浪，持有传统的纸质版身份证明相当不便，这带来的经济和时间成本非常大，数字身份有利于"存储"，可以免去很多烦恼；在服务提供方看来，对使用传统纸质身份证明的人进行信息收集低效且成本较高。而基于区块链数字身份不仅可以更迅速、更准确、更高效地进行身份认证，而且可以"全历史"地跟踪交易情况，方便问题的溯源。因此，借助区块链身份系统，无家可归者的生存状况会得到相应的改善。公开信息显示，美国得克萨斯州首府奥斯汀，年均有 7 000 余名无家可归者由于身份证明被盗或遗失，无法享受社会服务。为了解决这类问题，该市为无家可归者创建独特的数字标识符，发挥区块链技术优势，使无家可归者能够重建就业、健康和养老等可信记录，帮助他们重回生活的正常轨道。

据不完全统计，目前世界上至少有 2 000 万名难民。这些难民在饱受颠沛流离折磨之余，也面临身份缺失的困境。联合国、世界粮食计划署自 2018 年起开展了一项试验性项目，难民通过生物识别、脸部扫描来获取自己的数字身份账户信息，进而领取食物、衣物等救济物品。目前，虽然该项目仍然处于试验阶段，但区块链数字身份在对难民法定身份的重塑及经济援助方面所发挥的作用越来越明显；根据区块链数字身份的发展趋势，难民的教育、技能等方面的数据日后也有望记录在区块链上，从而有助于改善难民的经济生活状况。

最后，在行业服务领域。如今，通过数字身份进行合作和发展，已成为各行业的强烈需求。比如，在食药领域，食药的每个溯源点上都关联着相关工作人员的身份信息；在版权领域，利用区块链，"所有者确权""购买者授权""使用者鉴权"等问题都迎刃而解；在文化旅游领域，可用数字身份证明和关联作者、收藏者、托管者等。

目前，区块链数字身份在全球已有一些应用尝试，但数字身份还存在一些瓶颈，而区块链技术为突破这些瓶颈提供了可能性和技术支撑。区块链传递和塑造了信用，对数字身份和数字资产进行了确权，实现了现实世界向数字世界的映射。因此，借助区块链，能够解决数字身份目前面临的很多痛点。当然，数字身份涉及领域众多，需要包括区块链在内的多种技术共同支撑。

同时，区块链数字身份目前还处于起步阶段，发展过程中还会面临诸多挑战和未知，这也正是区块链在数字身份领域的机遇所在。

第九章

隐私保护：区块链保护你"不能说的秘密"

互联网存在固有的缺陷，它更关心信息的表达内容，而不关心信息的所有权。在互联网时代，"隐私裸奔"成为令公众头疼的问题，而这些信息尤其是隐私信息本身有着较大的价值属性，如何保证这些价值数据的安全传递呢？区块链的诞生为保护"不能说的秘密"带来了曙光。

　　隐私方面的数据是最有价值的数据，如何保证隐私数据安全地存储、传递，是实现数据价值需要考虑的重要问题。区块链由于具有公开透明、难以篡改、不依赖中介机构的特征，可以实现安全、高效、低成本的价值传输。人们希望基于区块链建成价值传输的互联网，在该互联网中，价值传输成本将极大地降低，价值安全将得到进一步强化，"不能说的秘密"将得到进一步的保护。

一、逐渐苏醒：隐私问题的显现

（一）从公开到隐私的"秘密"

　　隐私，通俗来讲，是指隐蔽、藏起来的私事。如今，互联网普及下人类是否还有隐私，已成为人们热议的话题。然而，从几千年来的发展历史看，"隐私"其实是现代的一个概念。

　　古罗马作家盖乌斯·普林尼·塞孔都斯（Gaius Plinius Secundus）在他的著作《自然史》中描绘道："家财万贯是遮不了，藏不住的。王子们的府邸得以敞开大门，卧室与私密寓所一览无余，所有深层的秘密也因此被曝光并展示在众人之前。"到了中世纪，流行床边派对，床是社交聚会的场所，主人、客人，甚至仆人都会睡在一张床上，共枕共眠。

1770 年，时任美国总统约翰·亚当斯（John Adams）为隐私发声，他表示："我没有道德或其他义务向外界公开我每年的个人开销或收入。"美国还发布了第一部隐私法案——《1710 邮局法案》，禁止邮局工作人员拆封私人信件。虽然这个规定让现代人看来感觉多此一举，甚至有些可笑，但在当时具有重要意义。

伴随着邮件、电话、电报等相关科技的发展，人们保护隐私的意识在慢慢增强。但人们对隐私的需求欲望远远低于对科技带来的便利性的欲望。面对互联网也是如此，尽管欧盟在 1995 年就颁布了《数据保护指令》（Data Protection Directive），但它仅仅是一个指令，形式大于内容，实际上并没有很强的约束力。2018 年 5 月 25 日，《通用数据保护条例》（GDPR）正式实施。业内普遍认为，该条例是针对居民个人数据和隐私保护最有力的法律依据。

随着数字经济的发展，数据逐渐成为核心资产，大数据的价值引起广泛重视。在互联网领域，目前的"区块链+数据治理"模式能够快速有效地区分个人数据产生平台和依靠数据盈利的商业平台，消除或缓解现有各个平台基于垄断的数据孤岛，让数据流动、融合起来，画出利益的最大同心圆，产生最大的价值，同时给予用户隐私的所有权，保护用户对自己行为数据被收集及被使用的知情权和主动权。

（二）隐私泄露的"危机"表征

如今，我们的很多信息已经被数字化，包括隐私信息。隐私数据的泄露带给我们危机感。

"欲灭其国，先灭其史。"这句话常用来强调历史的重要性、文化的重要性。我们想了解一个国家，必先了解其历史。对于个人而言，要了解一个人，就要了解他的过往经历。而个人历史信息的泄露，又常常带给人们危机和挑战。

如今，人们日常生活被数字化，"大数据量化一切""一切皆可被数据化"。但由于数据的繁杂性、技术的局限性和人的辨识与判断能力的有限性，人们很容易产生误判，甚至迷失在信息洪流中，所谓的"数据挖掘"也容易失去方向。正确的数据挖掘方法应该是，认定数据的存在，掌握挖掘的技术，确立分析的规范，跨越碎片化的阶段对海量数据进行深入挖掘、分析、关联和思考，从而获得对复杂事物的系统认知，追求数据本来意义即反映现实意义的终极目的。然而，数据的模糊性和爆炸性增长使数据难以成为思考的依据，从中不能准确"提取"客观现实的真实反映，其中既有数据真伪问题，又有数据量完整性的问题。因为对某一方面数据的收集也是一个历史发展的过程，暂时性、短期性的数据往往无法形成对"历史轨迹"的宏观描述，无法形成规律性的结论。因此，碎片化、暂时性、短期性等认知往往会歪曲事物的本来面目，降低数据的说服力，甚至可能使人得出错误的结论。

英国学者维克托·迈尔-舍恩伯格认为，数字化记忆具有三个特征：可访问性、持久性、全面性。可访问性让我们可以时刻检索记忆"库存"，随时访问初生时、婴儿期、少年期、中年期、老年期等各个阶段的"模样"；持久性让我们时刻感受又哭又笑、既喜又悲的现场感，过去亦现在、现在亦过去；全面性让我们对过去"不谈价钱""照单全收"，让我们丧失了遗忘的能力，取而代之的是完整的记忆。我们需要删除记忆，需要宽恕过去，忘掉那些不美好，但信息记录与保存不断消解着遗忘，"我们成为一台巨大的回头看的机器"[1]，往事不堪回首，而我们不得不铭记，因为我们无法忘记，"往事正向刺青一样刻在我们的数字皮肤上，遗忘已经变成了例外，

---

1 纳西姆·尼古拉斯·塔勒布. 黑天鹅[M]. 万丹, 译. 北京：中信出版社, 2011.

而记忆却成了常态"[1]。

技术成果往往不是被信息收集者和使用者享有及占有的。在信息的生产者、收集者和使用者是同一群体的状况下，他们才能真正地占有和享有技术成果；然而信息的生产者与使用者常常是相互分离的，大部分人产生的数据流入一部分或者少数信息使用者的手中。确切地说，目前只有少数人掌握了处理复杂海量数据的技术，即真正能够占有和享有大数据技术成果的是少部分人，绝大多数人只能处于被利用和被挖掘的状态——这意味着"数据暴力"的风险。每个公民都有一定的权利，其中包括对自身所生产的数据的所有权、使用权。正如美国学者理查茨提出的大数据权力悖论所述，大数据是改造社会的强大力量，但这种力量的发挥以牺牲个人权利为代价，而让各大权利实体（服务商或政府）独享特权，大数据利益的天平倾向于对个人数据拥有控制权的机构。如果有人或组织要占有公民的数据，也必然要尊重公民的知情权、隐私权等权利，必然要在一定的秩序、规则下运用这些数据；无所顾忌、肆无忌惮的数据挖掘必然引发新的伦理危机，甚至产生社会冲突。

从历史的视角看待隐私泄露造成的危机是必要的。当然，这种隐私泄露的危机也体现在"现在"的视角方面、"此时此刻"的隐私泄露上。

B 超、CT 等透视着我们的身体，智能手机定位着我们的位置，车票记录着我们的迁徙路线，卫星环绕在我们的上空，摄像头拍摄着我们的一举一动……我们陷入了"圆形监狱"。英国哲学家杰里米·边沁把这种"圆形监狱"描述为"一种新形式的通用力量"。我们置于圆心的位置，各种监控设备 360 度无死角地扫描着我们，我们身陷大数据的囹圄，我们在大数据的因牢里被各种智能的"探照灯"环绕，或被聚焦或被扫描，我们的一举一动被"尽收眼底"。当你意识到自己赤裸裸地暴露于"圆形监狱"的监控之中时，一种毫无自由的被奴役的感觉是否会从内心深处升腾而起？正如英国作家乔治·奥维尔在《一九八四》中所描述的那样："无论

---

1 维克托·迈尔-舍恩伯格. 删除——大数据取舍之道[M]. 袁杰，译. 杭州：浙江人民出版社，2013.

你是睡着还是醒着，在工作还是在吃饭，在室内还是在户外，在澡盆还是在床上——没有躲避的地方。除了你脑壳里的几立方厘米，没有任何东西是属于你自己的。"[1]乔治·奥维尔的这句话或许还不够"极致""尽兴"，应该说，在大数据的"圆形监狱"下，脑壳里的几立方厘米也不属于自己，它属于大数据世界的"公共财产"。从这个角度来讲，把我们身处的这种状况表达为"圆形监狱"也不够彻底，应该表达为"球形监狱"，我们不是在平面上被监控，我们是在四维空间中被监控，我们处于"球形监狱"的球心。

普布·洛桑然巴在其著作《第三只眼睛》中描写的主人公前额长着第三只眼睛，这只眼睛能洞穿人的心理，预知未来。如今，第三只眼睛则表示对人一切活动的监视，特别是对人内心微妙变化的透视。大数据时代最令人焦虑的挑战，是对个人隐私的侵犯。如今，保护隐私，体现了人类文明的进步，也是人类走向文明的一个标志。但技术的发展大大增强了信息系统采集、检索、重组和传播信息的能力，我们在技术的威力下，成为透明人、裸奔人。"我们时刻都暴露在'第三只眼睛'之下，不管我们是在用信用卡支付、打电话还是使用身份证。"[2]在大数据时代，人的心理变化、所思所想都能被"看透"，人类陷入了无隐私、无自由、受奴役的泥沼。

此外，从未来的角度看，以大数据、区块链等为核心的新技术能够预测人的隐私，导致人被奴役。

众所周知，"大数据的核心是预测。"[3]只要你留下了痕迹，无论过去还是现在，技术就可以通过全数据模式分析你的过去，重组你的现在，预测你的未来。大数据能够"针对过去，揭示规律；面对未来，预测趋势"[4]，

---

1 乔治·奥维尔. 一九八四[M]. 陈超，译. 上海：上海世界图书出版公司，2013.

2 维克托·迈尔-舍恩伯格，肯尼思·库克耶. 大数据时代[M]. 盛杨燕，周涛，译. 杭州：浙江人民出版社. 2013：8.

3 维克托·迈尔-舍恩伯格,肯尼思·库克耶. 大数据时代[M]. 盛杨燕，周涛，译. 杭州：浙江人民出版社. 2013：16.

4 涂子沛. 大数据——正在到来的数据革命[M]. 桂林：广西师范大学出版社，2013：99.

使人具有读心术这个超能力。《爆发》一书的作者认为，爆发的世界里没有黑天鹅，人的 93%的行为可以预测，"无情的统计规律使异类根本不存在，我们的行踪都深受规律影响"[1]。我们持续自觉与不自觉地生产着数据，而生产出来的数据不断地被二次利用、三次利用、多次利用，这就完全有可能导致我们的透明化，使我们的一言一行都在他人的透视、预测之中，从而形成一定的行为模式趋势图，重构我们大脑中的文字，预测我们的心理和行为。比如，在学校或公司的食堂里，新来的员工可以看着菜谱触摸屏，问你今天是否吃自己喜欢的芹菜炒肉。对此你会惊讶，但他会告诉你，他看了你的点菜历史，知道此道菜是你的最爱。他懂你的心思，知道你最爱的菜，那么惊讶立刻变成了一种被窥视、八卦、议论的奴役感。

二、大显身手：区块链在隐私保护中的作用

（一）从隐私到区块链

区块链带给我们对于隐私问题的思考：在如今及可预见的未来，人们到底需要什么样的隐私？从区块链技术的角度看，在需求层级上，隐私又是怎样的存在？

我们可以先举两个例子，看看区块链技术在隐私保护方面的优势及带给人们的崭新体验。

2019 年 12 月 27 日，华大基因发布《区块链基因数据服务应用指南》

---

1 艾伯特·拉斯洛·巴拉巴西. 爆发：大数据时代预见未来的新思维[M]. 马慧，译. 北京：中国人民大学出版社，2012：217.

团队标准。其内容提及，为了数据共享和保护隐私，通过融合分布式架构和现代密码学，确保全流程透明化、可审查、可控制，从而支撑科学理论探索和产业实际应用，使个人、政府机构、医疗机构、科研机构、国家基因库、企业等相关方面能够共有、共为、共享。对于个人而言，其可为个人的数据资产确权，形成用可交换、可交易、可定价等方式传递生命价值的全新生态。

另外，HGBC 基因价值生态链项目利用全球领先的基因组测序技术，将用户的 DNA 数字化，使用区块链解决方案将数据确权给用户，让用户切实掌控自己的数据。用户的基因数据放在云存储服务器中，并对应唯一的下载地址和数字指纹。用户的数据在 HGBC 生态平台中成为数字资产，用户可在获得收益的同时，享受精准的健康消费服务。

曾经，互联网的发展给人们的生活带来了翻天覆地的变化。如今，区块链技术的出现也必将刷新我们的生活，带给我们更多的变化及崭新的体验。

（二）区块链在保护隐私方面的优势

在区块链中，记录交易数据的账本具有公开性质，任何"坏人"都能够通过一定的技术手段获取所有交易数据，交易者的隐私在任何时候都有被泄露的风险。"坏人"通过对账本中的所有数据进行"挖掘"分析，可以窃取任意一个账户及与之对应的所有数据，并且可以分析不同账户之间的交易关系链接方式。

即使用户采用不同账户进行交易，"坏人"也可以利用地址技术分析出隶属于同一个用户的不同账号信息。而且由于用户进行的每笔交易数据都将永久地"上链"，一旦某一次历史交易被实名化，则相关的所有交易记录的身份信息都将被泄露，这种后果是相当可怕的。

此外，随着区块链交易逐渐被应用到日常支付领域，攻击者可以利用链外信息推测区块链中账户的个人身份。例如，将用户的购物记录和账户支付记录进行对比，分析账户的身份信息，从而确定链上身份的性别、职业、工资等。

有关隐私泄露的事件非常多。2018 年 3 月，Facebook 泄露隐私事件是影响比较大的数据泄露事件。Facebook 上超过 5 000 万个用户的信息数据被一家名为"剑桥分析"（Cambridge Analytica）的公司泄露，这一事件直接影响美国总统的大选结果，在当时造成极其恶劣的社会影响。Facebook 创始人兼 CEO 马克·扎克伯格（Mark Zuckerberg）对此在英国的《观察家报》、美国的《纽约时报》《华盛顿邮报》《华尔街日报》等报纸上就公司的"背信"行为道歉，称公司没能保护好用户数据，并承诺这种事情永远不会再发生。

实际上，倒卖个人信息，包括户籍信息、开户记录、资产、手机通话记录等的情况时有发生。个人隐私数据泄露的安全事件，不仅让人们损失财产，有时甚至让人们付出了生命的代价。在移动互联网、大数据、人工智能等技术大爆发的今天，我们很难避免自己的数据被收集、被分析、被整理、被倒卖。

隐私泄露给我们的生活、工作、学习等带来了严重的影响，我们的个人隐私受到了严重挑战。人们不断地思考如何避免隐私泄露，并利用新技术防止信息泄露。如今，区块链能够发挥保护隐私的作用吗？

隐私数据具有重要的价值，尤其是商业价值。隐私对于个人来说十分重要，因为个人信息对组织、营销人员及其他个体都是很有价值的。在互联网领域流行一句话：如果你不为商品买单，那么你就成了商品。从这个角度来讲，对于提供免费服务的平台而言，如微信、QQ、论坛等社交网络平台，个人数据是极其有价值的。

对于一个具有自主行为能力的人而言，缺乏隐私可能会危及自身的合法权利。在公共场合，人们的言论要考虑社会伦理道德及法理的因素，有时人们会隐藏自己的真实想法。社会中的人会自我隐藏并自我审查，如果发现自己正在被监视，就可能会停止与志同道合的人会面，并且不愿表达自己的观点。如果人们不能保持匿名的话，举报者和其他揭露不法行为的人将不可能再去做类似事情。

下面介绍几个关于个人隐私的信息类别。

首先是医疗信息。如果信息具有社会交往的功能，那么保护个人信息就能够帮助人们与相关组织机构协商如何隐藏或共享自己的信息。例如，如果一个健康保险公司发现特定个人的健康信息较为负面，那么这个公司就有可能向拥有这些负面信息的特定个人收取更高的保费，或拒绝承保。因此，个人有强烈的欲望阻止将此类信息公布于众，并且努力展现健康的一面。我们每个人都会理解这种情况，个人健康信息在某种情况下被公布于众，可能会让这个人在社交生活中或在职场上遭遇尴尬。

其次是财务信息。它是个人隐私信息的一部分。人们不希望金融机构了解自己曾经的不良信用记录，也不希望不法分子利用自己的个人信息从事身份盗用或金融欺诈等违法违规活动，尽管人们不得不频繁地"被迫"披露个人财务隐私信息，如工资、房贷、纳税或公积金等个人财务信息。如果将这些信息公开，有些人不仅好奇，而且会积极关注，努力从这些信息中寻找商机。寻求客户的公司、寻求捐款者的慈善机构等都对了解个人财务信息非常感兴趣。但是，对于自己想要与谁分享个人信息、用这些信息做什么等问题，不同的人想法是不一样的。

例如，很多人不希望商家根据他们的财务信息来确定他们的支付能力，不希望商家度量潜在客户能够并愿意支付某些商品的最大金额数，尤其是当这些商品通常以较低价格就能够买到时。我们有时遇到这种情况：我们用不同的个人账号预订酒店时，价格会有所不同。这表明，即使是很简单的个人信息，比如一个人是否使用"不同的账号"，也会帮助商机寻求者衡量一个人的经济能力——这种方式让大多数人觉得很不舒服。

当人们知道自己正在被监控时，人们的行为举止将会变得更加收敛、文明。因此，在最基本的层次上，拥有隐私能让人自由自在。

如果剔除晦涩的技术名词，仅仅以经济思维去思考，我们究竟需要多大程度的隐私呢？

例如，当我们在饭店请客时，一方面，我们不想账单流水被第三者看到；另一方面，我们希望店家或者收款方能够保护我们自己必要的信息。从这个角度讲，纸钞是满足我们此项需求的选择。但在信息化时代，如果经常用纸币，就如同如今还用 2G 信号一样，有点儿跟不上时代。况且，携带纸币确实不方便，且有钱包被偷的风险。

如果换成央行数字货币，情况就会改善。央行数字货币能够满足两方面的要求，既能保持钞票的流通属性和价值特征，又能满足人们携带方便和匿名花钱的要求。

从这个角度看，普通民众对于隐私的需求可以分为两大类：一类是事件本身合法、合规、合情、合理的，他们希望自己是"小透明""大隐藏"，将个人的透明信息隐匿在信息洪流中。比如一些服务平台可以知道"我"的隐私，但要让它消失在茫茫隐私信息中，不可利用"我"的隐私。

另一类是事件本身不光彩，如非法、违规、违背伦理道德，所以事件中的"主角"不想让别人知道是他的所作所为。如果"我"偷税漏税，"我"不希望这个"不能说的秘密"公开，因为公开后"我"不仅会受到道德指责，甚至会受到法律惩罚。但是这类需求永远不会被公众允许。

互联网的面太大、太广，而利益的驱动很可能会导致信息外泄。因此，保护隐私不被侵害，在互联网世界较难实现。但是我们可以用科技的力量去避免此类问题。

大数据的应用已经帮我们解决了很多隐私方面的问题。在此基础上，区块链技术的应用可以帮我们更好地实现隐私保护。如果隐私信息遭到泄露，区块链技术就能快速锁定漏洞，并及时封堵，在一定程度上防止不法分子窃取隐私数据。基于区块链的去中心化特性，可将社交产生的所有数据存储在用户自有的"数据库"中，即每个用户都是一个"开关"，都是一个"决策者"，用户拥有处理数据的一切权力。通过对端口实施加密算法，任何人都无法获取其他用户的私密信息，这样就保证了用户资料的安全及用户隐私。

由此看来，区块链的主要优势在于显著降低信任成本、提高交互效率，并且能够保证数据安全，特别是保证隐私信息不泄露。区块链没有中心服务器，完全是去中心化的，每个参与节点的数据都是一样的，它们共同维护数据的统一性，能够有效避免集中式服务器信息泄露的风险。

三、破解之道：区块链隐私保护的解决方案

（一）混币机制是区块链隐私保护机制的"常见操作"

面对隐私数据泄露的风险，全世界都在寻求防止隐私泄露的方法。目前，业内流行的区块链隐私保护机制的主要思路是在不影响区块链系统正常工作的情况下，隐藏公开数据中的部分信息，增加数据分析的"审核把关"，提升数据分析的难度。其中，"混币"是最为常见的操作方式。

混币机制的内核是隐藏区块链交易双方的交易流程痕迹，使"坏人"无法轻易解析出不同地址之间的内在关系，从而将交易者的交易关系驱散，分布在没有相互联系的区块链地址中，使分析交易者身份的难度增加。混币机制是提升区块链隐私保护能力的一种有效机制。

目前，混币机制主要分为两种：一种是中心化的混币机制；另一种是去中心化的混币机制。两种混币机制在执行速度、效果、费用等方面还有很大的进步空间，并存在拒绝处理器攻击、交易过程泄密等隐私安全问题。

混币机制能够模糊区块链交易双方的关系，增加"坏人"通过公开账本分析用户交易流水变动规律的难度。研究混币机制的运行规则，分析不同混币机制存在的优势和劣势，有利于设计出性能更完善的混币机制，也可以为不同情况下混币机制的确定提供评价依据。

（二）区块链隐私保护的“技术武器”

很多时候，对于个人而言，完全公开透明绝不是最佳选项，每个人都希望自己的账户隐私和交易信息受到保护。对于很多商业机构而言，账户和交易信息更是这些机构的核心资产与商业机密。进一步地，开放式的账本数据不利于行业的良性竞争，使产业趋于同质化，更不利于整体市场的发展。无论是机构还是个人，都希望自己拥有更多的隐私掌控权。

在不能丢失透明性的前提下，怎么来保护隐私呢？目前来看，区块链主要通过匿名交易、零知识证明、环签名和盲签名等方式来解决这一问题。

首先看匿名交易。匿名交易主要是通过隔断交易地址和地址持有人真实身份的关联来实现的。实际上，这样的交易机制是很脆弱的，因为通过分析和跟踪区块链的账户信息，并通过解析地址 ID、IP 等信息，还是能够分析出账户和交易的关联性。如果这种关联性被用于非法交易，肯定会造成负面影响。

然而，技术在进步，区块链的可靠性将不断提升，公众对匿名交易的发展抱有信心。

再来看零知识证明。在一定程度上，零知识证明是借助密码学原理的技术，其允许证明者和验证者两方来证明某个建议是真实的，而且不必泄露除“它是真实的”之外的任何信息。

2019 年 5 月 8 日，以色列区块链隐私技术开发商 QEDIT 完成了 1 000 万美元的 A 轮融资。其中，蚂蚁金服参投。据悉，蚂蚁金服还将把 QEDIT 的零知识证明技术纳入其区块链项目，并表示其与 QEDIT 在保护数据隐私和安全方面有着共同的愿景，健全的隐私保护措施对金融业的持续发展至关重要。通过区块链，银行可以实时监视抵押品的使用次数，而不需要分析用户的个人信息，从而确保用户的隐私不泄露。

最后来看环签名和盲签名。不同的签名方式具有不同的安全性。环签名是一种简单化的类群签名，因为签名依据一定的规则组成一个"环"而得名。环签名的指导思想是，环中的一个成员利用他的私钥和其他成员的公钥进行签名确认，但不需要征得其他成员的签名同意；而验证者仅仅知道签名来自这个"环"组织，但不知道真正的签名者是哪位。环签名实现了隐藏签名者身份、完全匿名化签名，环签名做到了在不泄露签名者信息的前提下，允许一个成员代表一组人进行签名确认。

相传，环签名这个貌似简单却很实用的技术起源于 17 世纪的法国。当时，法国大臣为了给国王进谏而不伤害自己，不想让国王知道谁带头提出谏言，就想出了环形签名的方法，签名成圈，名字无先后顺序，国王无从知晓谁是带头人。

2001 年，Rivest、Shamir 和 Tauman 三位密码学家提出了环签名的概念。环签名是一种数字签字方法，也是一种简单的群签名，在环签名中只有环成员，没有牵头者，也无须环成员间的配合。

环签名分为密钥生成、签字确认、签名验证三个过程。下面举一个简单的例子。

第一个过程：密钥生成。在一间合租出租房里，每个租客都拥有大门密码（公钥），每个租客又有自己卧室门的钥匙（私钥）。

第二个过程：签字确认。保洁阿姨不定期来打扫卫生，房东要求每个租客在保洁阿姨前来打扫时为她开门，但从心理上讲，租客并不想让房东知道是谁给保洁阿姨开的门。保洁阿姨要进大门，必须要有一个租客为其提供公钥。保洁阿姨每次进门只能通过某个租客的公钥开门，但由于保洁阿姨没有私钥，进不去每个租客的小门，也不知道自己用了谁的公钥（房东可以根据保洁阿姨进门推理出是租客给保洁阿姨开的门，也就是签字确认）。

第三个过程：签名验证。房东可以根据保洁阿姨进门和打扫过卫生得知是租客给她开的门，但房东不知道是哪位租客开的门。

环签名不需要管理者、组织者，由于具有无条件匿名性和不可伪造的特点，在隐秘性方面比一般的群签名更具有优势。

提及环签名，必然会提及盲签名。如环签名一样，盲签名也是一种电子化、数字化签名技术。盲签名因签名的人看不到所签署文件的具体内容而受到人们的欢迎。它有两个显著的特点：一是签名者不能看见消息的具体内容；二是签名一旦被公开，签名者不能再跟踪签名。

著名密码学家 David Chaum 于 1983 年提出了盲签名，主要是为了防止被追踪，保护个人隐私。那么，会有很多人发出这样的疑问：签名者都看不到所签署文件的内容，谁愿意签名呢？这个盲签名有什么用途呢？我们可以举一个例子：日常生活中，当我们购买许多生活用品时，若使用现金，则别人很难追踪具体的购物内容；但如果是网上支付，第三方（如支付宝、微信、银行等）就可以监测到我们的消费情况，使用盲签名就是为了不让第三方知道我们的钱花到哪些物品上了。第三方或许知道我们在哪个超市购物，但不知我们是购买了牙膏，还是袜子，抑或是鸡蛋。

在盲签名操作过程中，最重要的是"盲化"技术，在签名者面前呈现出来的数据是经过盲化处理之后的数据。

总而言之，环签名和盲签名具有不可追踪性，是签名领域的突破性技术，但其仍存在缺陷，还需要不断地更新、完善。例如，在盲签名的基础上又发展出了公平盲签名等。随着新一代信息技术的发展，数字签名技术也成了极为重要、急需发力的研究方向。什么样的签名技术能够更好地确保我们的数据隐私安全，仍然需要人们不断地去努力探索。

虽然以上几种方式能对我们的交易隐私进行很好的保护，但会产生一系列的交易性能问题，所以，找到透明性和隐私保护的平衡点显得尤为重要。我们有理由相信，随着区块链行业的集体发力，以上问题必将从根本上得到解决。

四、眺望未来：区块链隐私安全展望

目前，有些国家的政府部门以打击恐怖主义为幌子，对公民隐私进行监视，从而达到控制公民活动的目的。然而，其并未从根源上解决恐怖主义问题，世界并没有因此而和平，而是变得更加危险。在这种情况下，区块链技术的出现有望使人们拥有保护自己隐私的能力。

如今，越来越多的人将个人的生活、学习、工作等信息自觉或不自觉地留在网络中，人们越来越关心自己在互联网上的信息是否安全，越来越担心自己是否被监视，是否被"坏人"利用。人们开始询问，谁在掌控其放在脸书或谷歌这种大型中心化平台上的信息。人们迫切要求拥有这些信息的平台承诺将保护用户的隐私，以消除人们心里的恐惧。

由于具有去中心化的特征，许多人认为应用区块链可以保护隐私安全，但我们必须认识到，区块链在保护隐私方面并不是万能的，它虽然具有明显的优势，但仅仅依靠区块链技术并不能完全解决隐私安全问题。

区块链本身不够私密，其只有在所有漏洞消除的情况下才能确保隐私不泄露。然而，技术发展过程中的问题，最终需要通过技术的发展来解决。

第十章

区块链政务：效率的提高与知情权的满足

区块链政务可以促使政府借助区块链的去中心化、分布式记账、身份认证、数据加密和数据不可篡改等特征，确保政务信息可信任、可追溯，让政务服务参与主体共同建设、共同维护、共同监督，满足公众的知情权、监督权，在打造高效、阳光、服务型政府方面具有光明前景。

2018 年 7 月 31 日，国务院发布《关于加快推进全国一体化在线政务服务平台建设的指导意见》。该文件指出，要在 2022 年年底前，全面建成全国一体化在线政务服务平台，实现"一网办"。区块链技术可以大力提高政府数据的开放度、透明度，促进跨部门的数据交换和共享，实现公共服务多元化、政府治理透明化、城市管理精细化。作为我国区块链落地的重点示范高地，政务民生领域的相关应用不断落地，多个省市积极将区块链写进政策规划进行项目探索。区块链政务在招投标、电子证照、不动产，以及阳光、高效政府等政务领域呈现快速发展态势。

一、政务"上链"：正在兴起的区块链政务

政务服务是指各级政府相关部门及事业单位，依据现行的法律规章、制度，为团体及个人提供的认可、奖惩、证明等行政行为。我们通常所理解的政务服务主要包括行政服务、公共服务两大类。

新一代信息技术对政务服务产生了深远影响，尤其是互联网在政务服务领域具有广泛应用。通常认为，"互联网+政务服务"大致经历了三个阶

段：第一阶段是 1.0 时代，使用 Web 技术将政府信息数字化，这就是人们常说的电子政务；第二阶段是 2.0 时代，使用云计算、移动互联网技术将政府服务数字化；第三阶段是 3.0 时代，使用大数据、物联网、人工智能等新技术将政府组织数字化。业内人士认为，当人工智能、区块链、大数据、物联网相互融合，实际运用到政务服务领域时，才能表明数字政务时代真正到来了。

近年来，针对政务服务办事慢、过程烦琐、流程冗长等问题，业内人士提出可借助网络平台实现政务网络化服务，进而缓解并解决这一难题。大力发展"互联网+政务服务"，让群众在互联网上办理相关事宜，不仅方便群众，而且能大幅度降低行政服务成本。

基于区块链的公开性、安全性和唯一性等特性，区块链政务可提高政务服务的透明性、公开性、安全性，提升各相关部门的信息共享的程度，促进大数据在政府管理、宏观指导、市场监督等领域的实际应用，实现政务治理公开化、服务多维化、民众参与化。作为关系我国民生的重大项目，2018 年，区块链技术在我国的政务领域取得实际应用，多个地区积极推行相关政策，努力探索实现技术的最大化运用。

2016 年 7 月 25 日，广东省佛山市禅城区政府、北京世纪互联宽带数据中心有限公司和广东佛盈智慧大数据科技有限公司强强联合，共同推出全国第一个围绕区块链展开的政务服务平台。此前，禅城区政府已累积近两年的经验，尤其是在食品安全领域和"一门式"政务平台建设方面颇有建树，如从传统的身份认证转向电子身份认证等。

2018 年 10 月，广州开发区推出的"政策公信链"，是全国首个落地的区块链政策兑现平台。该平台借助区块链技术，旨在提高政府政策兑现业务的处理效率。

2019 年 4 月，广州市黄埔区上线"商事服务区块链平台"，在全国首创"区块链+AI"企业开办服务模式，探索实现港澳企业商事服务"足不入境，离岸办理"。

2019 年 6 月，青岛市市北区运用区块链打造"政务知识学习及考试平台"和"政务 KPI 考核平台",将通证和绩效挂钩,在简化办事流程的同时将所有流程"上链",保证透明可追溯。

由以上案例可以看出,区块链政务作为一个正在兴起的领域,在近几年的发展十分迅速,其价值也越来越明显。

二、技术赋能:区块链在政务服务中的价值

在政务服务领域,区块链带来了十分重要的积极影响。虽然我国大规模研究区块链技术起步较晚,但政策支持力度大,发展迅猛,区块链政务未来的发展空间广阔。区块链在政务领域应用,具有技术赋能、建立信用机制、促进证照融合等价值。

技术赋能,是指实现"全过程""全历史""网络化"的精准追踪。基于区块链技术的特性,推进政府部门信息共享,同时,强化数据信息的安全性、可追溯性等,实现过程全记录、无纸化办公等,便于考核和管理。这不仅提高了行政服务效率,而且提升了政务工作的透明度和政府的公信力。

建立信用机制,是指打造"无死角""分布式"的信用环境,构建"一次生成、一库管理、多方复用、互认互信"的应用机制。政府相关部门和群众建立双方的诚信节点,以技术为介质,服务为民。

促进证照融合,是指打造"全闭环""零见面"的办证模式,构建"无媒介、效力等同、部门通用"的可信电子证核准服务,真正做到"让群众少跑腿,让数据多跑腿"。

在区块链实际应用于政务服务方面,广东省佛山市做了很多尝试。目前,佛山市在市级层面的区块链技术创新应用方面,主要聚焦两件事情:一是市政务服务数据管理局统筹建设市级区块链基础平台,为市各局区

块链场景应用提供支撑，同时支持各区建设分节点，形成市区两级互联互通的"链网"；二是基于区块链建设全市数据共享交换目录链，推动政务数据资源有效汇聚，构建全市统一、安全、可信的数据共享体系。

同时，佛山市积极探索公共资源交易领域的区块链技术应用，充分利用区块链的快速"上链"、存证验真、数据追溯等能力，将政府采购中的项目组建、公告发布、变更澄清、中标公告等关键环节的数据"上链"，确保公共资源交易的公平、公正、公开，进一步优化营商环境。

在区级层面上，禅城区作为佛山市的主城区，在数字政府建设方面一直走在全国前列，在区块链政务创新应用方面也是如此。从 2017 年 6 月开始，禅城区基于区块链技术打造"智信城市"，已取得了多项成果。

"智信禅城 IMI"身份认证平台——个人信用身份认证平台。该平台通过政府现场实名认证作背书，利用区块链可溯源、不可篡改的技术特点，全面解决市民"我是我"的身份确认问题。市民可足不出户直接在移动端完成认证授权，相关信息自动匹配，然后就可进行证件办理、证明出具、资格确认、小额津贴等事项的办理。

禅城"共享社区"平台——社区公共资源及各家庭闲置资源共享平台。该平台主要利用区块链、大数据等技术手段，实现身份确认及闲置物品共享等，完成共享后居民还可以获得积分奖励，积分又可用来兑换志愿者服务等。该平台通过闭环流程、良性互动，不断形成新的基层治理方式。

禅城"社矫链"平台——社矫对象管理服务平台。该平台可与公、检、法、司等部门实时共享，掌握社区服刑人员的信息，同时与自然人数据库、社会综合治理云平台对接，使社区服刑人员接收、报到环节无缝衔接；通过轨迹跟踪、行为监控、信用评价等方式，减小社区服刑人员再次犯罪的概率；将社区服刑人员日常生活中的行为化为数据，"上链"生成记录，"写"进个人信用评价系统，可"自证清白"，有利于其重新融入社会并获得教育、医疗、再就业等相关公共服务等。

"区块链+工业设计"版权交易平台——设计版权存证、交易、维权一站式服务平台。通过该平台，设计师（企业）可方便上传其设计作品，且平台会为每个作品生成唯一的、带有区块链"时间戳"和哈希值的作品存证证书，证书具有法律效力；设计版权"上链"存储后，可在设计师和平台用户之间自由交易；当设计版权被盗用侵权时，设计师可通过平台进行举报和申请维权，平台将协助提供维权服务。

佛山市除禅城区之外，经济实力较强的南海区也在推动区块链政务方面成效显著。2018 年 7 月，南海区出台了"区块链十条"，即《佛山市南海区关于支持"区块链+"金融科技产业集聚发展的扶持措施》。该文件提出，为金融科技企业提供落户奖励、物业支持、平台支持、应用支持、培训支持、培育支持、金融支持、活动支持、人才支持和技术支持等全方位的鼓励政策。其中，针对"区块链"金融科技产业服务平台的建设，每年安排不少于 500 万元的专项资金支持。

另外，广州市的区块链政务在全国也具有较高的知名度。

2019 年 12 月 2—3 日，广东省人民政府与阿里巴巴集团在广州市共同召开广东省大数据开发者大会 2019 阿里云峰会。峰会期间，广州市海珠区政务数据局与阿里巴巴华南技术有限公司联合推出全国首个政务服务可信链，上线华南地区首个区块链"指尖办"政务服务模式，推动区块链技术在智慧政务方面的实际应用；二者共同推进阿里云–蚂蚁区块链在海珠区政务服务中的实际应用，推动政务服务向"区块链+"纵深发展，切实解决政务服务"最后一千米"的问题，促进政务数据跨界共享共用，方便市民合理合法使用，真正实现用"技术开路"代替"群众跑腿"。

三、认清短板：区块链政务需要解决四个方面的问题

技术本身是中性的，不分善恶，但不能任由其"野蛮生长"，突破某些合理的限制。同时，任何技术的应用都有自己的优势和短板，关键是怎

么发挥优势，以及怎么认清和补齐短板。尤其是在电子政务系统中，政务数据包含了社会个体及群体的诸多隐私、商业机密和政府规划等信息。这些信息价值极大，对存储信息主体的抗风险能力要求很高。当将区块链应用于政务服务领域时，必须注意认清其短板，以及有针对性地解决如下四个方面的问题。

首先，如何才能绝对安全。区块链创建了新型的信用生态，不需要第三方介入，依靠技术就可以维持信用机制。当然，区块链在为人们带来便捷的同时，也伴随风险。其一，技术不是百分之百的可靠，任何技术都做不到绝对安全。在区块链创建的信用生态中，基于区块链特性维持的信用机制被确认为无漏洞，但整个电子政务系统一旦出现错误，所包含的大量信息可能会被恶意修改、非法利用，将会造成严重的损失。其二，用户通过公钥登录区块链，使用私钥进行数据交换。在去中心化的区块链系统中，无法实现信息重置，当用户私钥丢失后，数据交换的权限将被限制。专业意见认为，单个节点只要掌控系统 51%的算力，就具备了修改、创建虚假区块链数据的条件。尽管这样做的投入成本远高于盈利，但这类风险将一直存在。应该高度重视区块链应用中存在的数据、系统、使用等方面的安全性问题。

其次，如何长期保存。区块链产生的是数据交易记录，这些记录包含大量有价值的信息。用户在区块链中生成的数据是保存在区块链系统中，还是"复制"到其他系统？如何长期地保留数据？现阶段更多的是要求体现数据的实际价值。未来，这些问题或将被持续关注。对于区块链政务，我们应在应用初期制定相应的文件存储、查询、使用等管理机制。这些管理机制既能从宏观角度审视区块链技术的实用性，对数据从生成到长期保存的整个过程的保质期进行探索，便于验证它的实用性；又能从文件管理的角度审查文件长时间保存的完整性、可用性等。

再次，如何降低建设成本。区块链技术的研发、实验涉及多方面，开发周期、资本等问题也会限制技术创新。区块链技术的软件开发行业壁垒较高，区块链政务方面更是如此。当然，部分地区能够开展区块链政务的应用项目，这与前期政务一体化改革的建设成果密不可分。区块链的实际使用，除了涉及系统研发的资金成本和人力成本，还需要汇聚所涉及的个人、机构，建设成本极高。另外，传统的政务系统与区块链政务系统两者如何链接，以及怎样避免重复建设也是需要思考的问题。在当前阶段，区块链没有统一的构建标准，重复建设导致的资源浪费不可避免。

最后，如何互联互通。与其他信息技术相比较，区块链技术的优势之一在于可以利用共识机制将不同的机构联通起来，避免"信息孤岛"问题。但是，各个系统的分布式账本的规范和标准并不相同，系统之间部分或全部依然无法相互识别，存在不兼容、互相孤立的现象。当前，区块链的实际应用并无相应的标准与规范，如果区块链参与者之间没有建立良好的沟通与协调机制，那么现有的"信息孤岛"问题也将出现在区块链政务系统中。

四、抓住重点：标准化、制度化和安全化

区块链技术不可篡改、全历史的数据记录模式能够满足电子政务深度发展的需求，但在安全性、可靠性及长期可用性等方面还存在一定的缺陷，需要从标准、制度、安全体系等多方面来重点规范区块链在政务服务领域的应用与推广。

第一，标准化。目前，区块链在全球暂无通用的标准，这导致无法对区块链的应用场景、市场推广、纠纷处理等方面做出统一的指导，信息隐私权、应用规范性、系统兼容性等问题也需要进一步探究。2016年10月，工业和信息化部发布的《中国区块链技术和应用发展白皮书（2016）》对我国区块链在各领域的应用做了深度分析，并指出其难点在于解决方式。业内认为，这是对区块链标准化建设的首次探究。统一标准的区块链能够

接通应用通道，防范潜在风险，提高实际应用效率，对于区块链的应用和发展具有极大的促进作用。因此，为了促使区块链应用快速发展，须尽快统一区块链的标准。2016 年 4 月，澳大利亚标准协会针对区块链技术提出了全新的国际标准化方案，并提交给国际标准委员会。我国也应根据国情和行业需求制定相应的区块链标准，尤以政务为重，因为各行业、各领域都离不开政务服务。同时，规范区块链在政务服务领域应用的行业术语、管理模式等，有助于政府尽快制定相关的政策，从而进行有针对性的监管。

第二，制度化。在区块链政务应用时，不能单靠技术本身来约束权限，防止黑客攻击及私钥被窃取，还应制定相应的监管制度。通过多层设限，保障区块链的安全。区块链账本在运行时，须严格遵守管理制度，限定相关权限、运用范围，以此保障每个参与人和组织都能有效使用，使该区块链能有序、高效地运行。

第三，安全化。防御强、周期长、结构完整，是区块链收集、处理数据的重要特征。可多维度、多层次创建安全体系，防止系统数据被不法分子截取、恶意修改或丢失。在一定程度上，标准化建设是从认识上统一区块链相关概念和标准的，制度化建设是从监管上规范区块链技术的应用的，安全化建设则主要是通过设置外部条件保护区块链的。区块链的安全体系主要分为硬件、软件两方面。硬件是指机器的零部件，软件则包含了系统、数据、程序、密钥等，每个环节的安全都将影响整个区块链的正常运行。因此，需要多层次防护，确保处理的数据可溯、区块链安全运行。

五、应用场景：区块链与招投标、电子证照和不动产

下面以招投标、电子证照和不动产为例来分析区块链政务的具体应用场景。

（一）区块链与招投标

在现实生活中，招投标过程并不总是公平或透明的。譬如，长期以来，公共采购一直是各国腐败的重灾区。供应商可以在没有公平竞争的情况下签订合同，这使有背景、垄断资源的公司能够相对容易地战胜竞争对手；或者同行业的公司可以操纵出价，以便每个公司都可以分得"一块蛋糕"。这不但没有达到招投标节约成本的目的，反而增加了公共服务的各种成本。

那么，区块链如何解决招投标方面的问题呢？

从资金使用情况看，与目前的中心化系统不同，"区块链+招投标"可以以分布式的方式更新账本，跟踪每笔资金的变动情况，并且能够督促各种费用在规定的时间节点，按照要求的方式、渠道等进行交易，完成支付。

从供应链情况看，区块链能通过监控整个物料供应链环节，为上下游企业解决信息共享过程中信息不对称的问题，能够及时找到流通环节中不合理、不完善、有缺陷的问题，及时纠正、修补漏洞。另外，应用区块链，不仅虚拟资产可以被数字化，大量物质资产也可以被数字化。一旦被量化，这些数字资产将被记录在无中心、不可篡改的交易记录上，这些资产可以长期保留，区块链上的每位参与者都是证人，都可以查看相关信息。区块链上的企业一旦出现不诚信、违反经济规律、破坏交易等情况，将被区块链自动排除在区块外，拉入黑名单。

比如，一家企业通过区块链与其他企业进行贸易往来，所有的交易记录均已"上链"。某天，该企业想挑战区块链"不可更改"的权威性，偷工减料。通过区块链技术，它一定会被查出，这个不诚信的记录也将一直伴随这个公司。

因此，"区块链+招投标"具有非常积极的价值。2018 年 10 月 12 日，日本内务通信部宣布上线基于区块链的招标系统，以帮助那些由高度互联企业主导的中小型企业，让它们抱团取暖，乘区块链之船"出海"。

区块链能够使招投标的全流程变得更透明、可监督，通过分布式账单、过程"留痕"有效防控资金风险，让招投标环节更加公开、公平、公正，增强参与者的信心。即使过程中出现问题，也可以通过区块链快速锁定相应的环节。

（二）区块链与电子证照

对电子证照来说，可信度和真实性非常重要。区块链具有防篡改功能，能够保留交易"痕迹"，具有审计"回头看"功能，安全性较高，也更加方便。区块链与电子数据"联姻"，有利于降低数据存证成本，提高存证效率和质量，为数据共享、司法留证、知识产权、政务票据等证照业务领域赋能。

在电子数据共享方面，区块链应用的主要价值在于把线下办事窗口转移到网上。区块链可以通过电子委托书、扫码授权、身份认证等形式，授权其他人在特殊场合下共享电子证照，消除信息孤岛，实现对电子证照的自动化共享使用。

2018 年 10 月 9 日，南京正式运行区块链政务数据共享平台。该平台由公安、工商、社保、民政在内的 49 个政府部门进行节点管理，各单位以平等权利、共享共建为原则，构成庞大的政务联盟链矩阵。各部门上传数据时，附带电子签名，区块链验证数据上传者身份的真实性，保证数据共享的可信性。同时，各部门可查看其他所有部门的数据，减少数据传输过程中的安全隐患。数据的所属权、使用权清晰界定，便于不同部门间的流通共享。

2019 年 12 年 9 日，"i 深圳"正式发布区块链电子证照应用平台。作为深圳市统一政务服务 App，"i 深圳"实现身份证、户口簿、结婚证、驾驶证等 24 类常用电子证照入块入链，破解市民办理各种手续的烦心事，避免忘带纸质材料"多跑腿"的情况，同时尽可能确保市民个人隐私的安全。"i 深圳"支持本人用证、授权他人、线上用证、线下用证等多种用证形式。线下办事授权用证支持结婚登记、出生证办理、无犯罪证明等 100 余项高频政务服务事项。

在司法存证方面，在区块链技术的助力下，可以轻松实现电子数据的全链路可信、全节点见证。2018 年 9 月 6 日，最高人民法院发布了《最高人民法院关于互联网法院审理案件若干问题的规定》，以法律形式确认了区块链存证在互联网案件中的法律效力。2019 年 8 月，最高人民法院宣布搭建人民法院司法区块链统一平台，完成国家授时中心、多元纠纷调解平台、公证处、司法鉴定中心等 27 个节点的建设，涵盖最高人民法院、高院、中院和基层法院四级多省市的 21 家法院，完成超 1.8 亿条数据的网上存证。同时，最高人民法院牵头制定《司法区块链技术要求》及《司法区块链管理规范》，指导规范全国法院数据入块入链。

近年来，多个区块链政务司法存证实体出现。2018 年 9 月，蚂蚁金服与杭州互联网法院联手打造了全国首家用区块链技术协助判案的司法存证平台。目前，包括北京、杭州、广州等在内的全国至少七省市的法院构建了区块链电子证据平台。2019 年 5 月，上海、浙江、江苏、安徽四省市法院融入蚂蚁区块链技术，搭建司法链，促进长三角司法存证一体化进程。

在知识产权方面，"区块链+政务"平台能够有效激发企业创新力、推动知识产权转移转化，能够有效缓解中小企业评估难、融资难的问题，也能够有效促进经济结构调整，推动产业转型升级。2019 年 11 月 27 日，在第三届天府（成都）知识产权峰会上，国内首个基于区块链技术的知识产权融资服务平台在全国上线并试运行。据悉，2018 年 5 月 28 日，中国人民银行正式批复成都市试点建设基于区块链技术的知识产权融资服务平台。该平台以区块链为底层技术，以企业本身的知识产权评价评估为核心，以企业经营状况为保障，利用区块链不可篡改、数据安全、智能合约等特性，重塑信用机制，设置准入管理、评估管理、运营监管、融资管理等多个功能板块。

在政务票据方面，对于区块链上的发票信息，只有开票方、受票方等发票相关方可以通过私钥方式安全访问。在相关方同意授权的情况下，其他社会组织、企业和个人也可通过发票相关方的链上发票数据为发票相关方提供便捷服务。区块链票据和发票不仅能够保障票额的真实性，而且具有可核查、可追溯、高效无风险等特征，有利于构建全新的共建、共治、共享、共赢的政务发票生态圈。2018年8月，蚂蚁区块链在浙江台州开通了基于区块链的电子医疗票据服务，使患者告别了传统的窗口开票、"多处跑腿"才能报销的流程。借助该平台，患者可以通过支付宝来查询和下载电子医疗票据，直接用于保险理赔或医保报销。同时，医院、保险公司、当地政府部门及患者可通过该平台"点对点"地解决报销问题，使患者的报销流程不再烦琐。

2019年5月，蚂蚁区块链与广州市税务局合作上线了区块链电子发票项目，并在停车场、餐饮场所等场合实施。相比传统的领卡进场、出场扫码、现金交费、索取手撕发票这一流程，电子发票不仅大大缩短了进/出场时间，有效地"治疗"了司机的"路怒病症"，还解决了"无感停车"的开票难题，真正疏通了进/出停车场的"最后一千米"。

（三）区块链与不动产

区块链与不动产行业有着天然的适配特性。不动产交易较为烦琐，交易双方在不同部门间往复办理业务，无形中增加了交易成本。在不动产交易过程中融入区块链，可大幅度减少交易环节，简化办理流程，提高安全性。

将区块链融入不动产行业，将带来以下几个方面的价值。

第一，解决房地产交易的安全性难题。全球不动产交易最大的障碍在于其安全性。从房源的交易记录、土地的所有权，再到权证交易办理的可靠性，每个环节都有风险。传统的不动产交易过程烦琐，耗费精力较大，交易双方也承担一定的风险。区块链基础技术所催生的信用体系将为交易带来更为便捷、安全、迅速的管理模式，从源头上解决用户的信用顾虑。

第二，革新房地产领域的商业模式。当前的不动产交易模式单一，总体遵循"链条式"模式，不具备在原基础上加入创造性改进的条件。区块链拥有高度的行业融入能力，将进一步提升资金的流动性，进而创造新型的不动产交易模式。

第三，开展"信用+房地产"金融服务。传统模式下的用户信息、信用被分散在各个平台，难以集中或共享。通过区块链技术构建的信任机制，在强化信息安全的同时建立了分发式、可共享模式，将信用体系与区块链场景交易进行有机融合，再将其移植到不动产交易、支付和相关管理的全环节中，使交易信用问题得到实质性的改善，为用户提供更便捷、迅速的金融服务，如加快贷款资格审核等业务的办理速度。

第四，资产管理和运营。传统物业管理模式的运营主体是人，缺乏数字化应用，信用体系难以量化。随着区块链技术的不断发展，物业的管理、运营模式将会改变，在底层应用区块链，辅以智能合约和数字化，可创建自动化的网络资产管理模式。比如，用户在基于区块链的平台上购买搬家服务，完成交易流程后，系统便自动生成相应的数字钥匙模式，搬家服务人员可通过数字钥匙进出房间，整个服务过程由智能合约自动完成，用户不必每次都进行印证，安全便捷。在资产运营方面，通过接入区块链，凭借区块链本身的信用机制及追溯体系，物业的运营管理成本更低，效率更高。

第五，房地产行业解决方案。随着科技的快速发展，智能合约、共享行业、电子化数字资产等领域显现出更为多样化的应用场景和广阔前景。将区块链生态系统运用在不动产行业，为不动产行业相关领域和平台赋能，使传统机构过渡到新型数字化机构，将在本质上提升行业能效。

除了上述五方面的价值，区块链在不动产行业也存在一些门槛和挑战，只有逾越并解决这些难点问题，才能生存下来，继而抓住机会实现飞速发展。将区块链融入不动产行业将面临以下挑战。

一是场景控制力。若仅开发技术而忽视场景能力，即使前期拥有先发优势，但当参与方进入区块链后，缺乏场景应用的公司也将面临被边缘化、被冷落的情况。能否构建具有实用性、优质性的区块链不动产项目，取决于公司的业务范围和场景控制力，以及合作方和新的资源方是否接受新的市场规则与体系。

二是诞生不动产的不同业态。与互联网技术相比，区块链技术具有较快的执行速度和较强的运营能力。区块链技术下的不动产行业学习速度更快、开放程度更高，这将催生更多不动产的具体业态，同一行业也将产生更多的企业，市场竞争激烈。目前，从一定程度上看，谁掌握并应用了区块链技术，谁就能从传统模式"涅槃"出来，就能在不动产领域实现革新。

三是商业运营模式的转变。新技术的实际应用效果并非立竿见影，因此并非每个用户都有勇气和能力去改变。现阶段的难题在于转变模式，这种转变不仅涉及公司规范，还涉及国家层面的支持。从全球来看，部分国家持观望态度，不动产行业在以区块链为主流的建设发展过程中，需要综合考虑国家的态度和相关政策。在这样的大环境下，区块链项目需要有足够强的自我生存能力及明确的商业模式，不然很难突破传统的商业模式，很难迎来行业应用的热潮。

六、阳光政府：区块链政务前景光明

区块链在打造阳光政府、透明政府方面具有光明的前景，区块链的未来已来，各国都在积极推动区块链的应用。

在美国佐治亚州，区块链技术被用于财产注册，这样不仅减少了市民的办理费用，也保证了土地所有权交易的安全性，提高了交易的公平性。

在迪拜，2020 年 5 月，政府将所有政府交易转变为区块链技术模式，以提高政务办事效率、产生新业态，这样不仅省去了大量文书工作，还让公民办事少"跑腿"。

在爱沙尼亚，近几年，政府积极推进"数字国家"计划。该计划借助区块链技术进行社会治理，真正抓住分散式、去中心化的区块链的精髓，并规划实施区块链、人工智能、大数据、物联网等新一代信息技术，建立全球首个没有物理边界、完全基于网络空间及共识机制的国家。如今，在爱沙尼亚，99% 的公共服务可以通过互联网、区块链完成。据悉，区块链政务相比传统政务方式，每年可节省相当于爱沙尼亚 GDP 2% 的支出。

在阿联酋，政府利用区块链加速创建以区块链技术为基础的文件管理系统，积极开发能够"提高文件交易速度、可靠度和交互性"的技术，依靠区块链及其分布式账本技术，省去中间数据处理环节，节省设备维护费用，提高文件交易速度。

在我国，山东青岛是我国试行区块链技术的城市之一，近几年不断通过区块链技术赋能政务，打造阳光政府。比如，青岛强力推出了应用区块链算法、集成全自动化物联网系统的城市垃圾回收系统，打造基于区块链技术的大病救助系统"公益宝"等。

我国大数据特色之城——贵阳，近几年也在积极推进区块链技术赋能工作，目前主要在政用、民用、商用三大领域推行。政用领域包括政府数据共享开放、数据铁笼监管、互联网金融监管等；民用领域包括精准扶贫、个人数据服务中心、个人医疗健康数据、智慧出行等；商用领域包括票据、小微企业信用认证、数据交易与数据资产流通、供应链管理与供应链金融、货运物流等。

雄安新区不断抢占区块链发展的先机，在工程建设招标、财务管理、房屋租赁等方面开始应用区块链技术，目标是建立一个廉洁、透明、高效的政府。雄安新区将运用大数据、云计算、区块链、人工智能等新技术，规划建设能够深度学习、自我优化的雄安智能城市大脑。未来，雄安新区将在数字城市中模拟仿真，在现实城市中优化运行，真正实现城市智能治理和公共资源智能化配置。雄安新区已研发了基于区块链技术的慈善捐赠管理溯源平台，为慈善捐赠提供了记账辅助服务，提高了捐赠信息的透明度和公信力。该平台为每项已完成捐赠和待捐赠的项目，均配发了相应的区块信息、区块高度、存证唯一标志及"上链"时间。雄安新区公共服务局已将该平台作为雄安新区慈善物资捐赠的重要监管手段，提高了捐赠信息的透明度与公信力。

减少政府对公共服务领域的干预，降低公众对政府部门的依赖，需要政府和公众共同承担责任，每个参与者都是"主角"。政府部门可以挖掘区块链技术的巨大潜力，推动政府治理和公共服务模式创新，打造一个更为高效、透明的行政系统。

总之，区块链技术带来了崭新的信任方式，有助于达成公民之间、公民与政府之间良好的合作秩序，起到参与和监督的作用。形成的双向选择和沟通模式，以及信息公开的可信度和透明度，让公众看到阳光型政府的价值。

此外，借助区块链技术，可合理细分政府事务，细化职能部门的责任，避免传统模式的滞后性、臃肿性等问题。同时，区块链可以让上层决策部门将更多的精力集中到宏观层面的设计上来，从而更加有利于打造高效、阳光的服务型政府。

第十一章

信用革命：区块链信用社会来临

以区块链为技术基础的算法信用，代表着社会信用演变的趋势，预示着社会信用革命的到来。区块链本身所具有的属性，凸显其助力社会信用和降低社会信用风险与成本的重要价值，对于推动社会信用的创新建设具有重要价值。

根据 2016 年工业和信息化部在《中国区块链技术和应用发展白皮书（2016）》中对区块链的概念界定，不难发现，区块链本身具有去中心化、共识机制、加密算法和智能合约等基本属性，为现代社会的信用建设提供了必要的技术基础。借助区块链技术创新建设社会信用，不仅有利于促进社会的可持续发展，还有利于促进公民个人生活秩序稳定，具有非常重要的现实意义。

一、形态演变：从人格信任到算法信任

众所周知，社会信用对于政治、经济、文化、生活等领域的影响都很大。可以断言，如果没有社会信用作为支撑，那么社会运行和个人生活都必将受到阻碍与限制，甚至造成严重的混乱。从目前来看，在社会信用体系中存在多种形态的信用模式，但大致可概括为人格信用、契约信用和算法信用。尤其是算法信用，作为智能时代的技术人工物，它代表着社会信用演变的趋势，将会在社会信用体系中扮演越来越重要的角色，预示着社会信用革命的到来。

（一）从人格信用到契约信用

人格信用是社会信用的早期形态，它的核心是基于"地缘"或"亲缘"的人际信用，其本质是由个人的道德品行和"圈子化"生存而表现出来的可靠性所决定的。通常情况下，因为存在"熟人社会"或"熟人社区"中各种不可分离的地缘或亲缘关系，信用主体在履行相应的书面或口头承诺之后，他们所获得的来自他人的评价和肯定成了可靠性的源泉。个体在获得"他是一个可靠的人"的评价之后，依赖于这种可靠性便可塑造其人格形象和良好品质，其人格信用也就建立了，之后只要他能够一直奉行其承诺，便能在相应的社交网络和商贸往来中赢得更好的口碑。需要指出的是，人格信用的适用范围非常有限，很大程度上限定在熟人圈层之中，如果突破这个限定扩展到陌生圈层，人格信用因其惩戒机制和违信成本问题很容易失灵。这时，契约信用就十分必要了。

契约信用是建立在制度基础上的、具有广泛适用边界的制度化信用体系。契约信用构成了一个普遍主义的规范伦理原则，它以高效的制度化规约方式弥补了传统人格信用体系所带来的信用困境，将社会信用的可靠性推向了整个社会，渗透到了人类社会生活的各个领域。简单地说，契约信用是人格信用失灵和失效后的替代物，是社会生产力快速发展的直接产物。在经济全球化的社会大背景下，信用的兑现主要通过合同制与第三方担保的方式表现出来，但无论是合同制还是第三方担保的方式，都是通过建立契约和借助契约之上的法律予以确保兑现的。因此，相较于人格信用，契约信用显然更具操作性和可行性，而且它本身的出现也比较符合契约社会的发展需求。值得注意的是，基于契约信用的契约社会的发展会反作用于信用本身，并不断地对其进行修补、完善和更新。以契约方式建立起来的新型信用模式，自然就能够在整个社会运行过程中充当"审判者"的角色，不断地矫正各种信用失序行为。契约信用的优势主要表现为随契约社会的发展而不断地与时俱进，而其劣势则主要表现为他律情形下的"不自律"与"高成本"，亟待对其运行过程进行技术化创新。因此，区块链技术的产生及其快速发展，为创新社会信用模式带来契机。最终，在区块链技术的赋能下，契约信用逐渐向算法信用过渡。

（二）算法信用的产生

算法信用的产生主要得益于区块链技术本身的发展，而社会政策的推动与社会需求的拉动，更加速了它的发展。区块链技术为建立一个以算法为基础和核心的信用体系提供了最为基础的技术保证。并且，随着社会科技化和智能化程度不断加深，以技术为基础的现代社会逐渐超出契约社会中的制度约束的范围与边界。而在从契约信用向技术信用转换过程中存在的衔接不紧密的问题，造成了契约信用的迷失与脱节。为了解决这些问题，技术开发者呼吁以算法为基础构建信用体系，以期填补现有的技术信用体系的空白。因此，以区块链为技术基础的算法信用便应运而生了。

算法信用是基于新兴算法的技术信用，旨在传承与延伸人格信用与契约信用的基本精神内核，并且借外在的技术手段确保这种精神内核的实现。从区块链技术本身的价值属性来看，它无疑具备承担构建算法信用体系的基础和能力。它通过一套科学且可行的分布式账本与共识算法机制，保证了"上链"数据的安全、可靠、透明与不可篡改，它本身有着毋庸置疑的潜力，因为它的固有性质就是产生信任[1]。相较于大数据与人工智能等算法技术，区块链技术所构建的算法信任体系不仅能够有效降低数据泄露的风险，而且能够提供相对强大的抵御故障或恶意节点的能力，从而解决必须信任第三方的问题[2]。如此看来，以区块链技术为基础的算法信用体系，

---

1 Rust K. Blockchain Reaction: Why Development of Blockchain is at the Heart of the Legal Technology of Tomorrow[J]. Legal Information Management，2019，19(1)：58-60.

2 Aljosha Judmayer. Blocks and Chains: Introduction to Bitcoin，Cryptocurrencies，and their Consensus Mechanisms[M]. New York：Morgan & Claypool Publishers，2017：63-64.

很明显是在人格信用和契约信用基础上发展起来的新型信用体系，具有去中心化和去信任的特点。它一方面保证了内部"块数据"的安全，另一方面又为社会信用提供了自动化的技术实现手段，比较符合深度科技化与智能化的现代社会的运行规则和秩序模式。因此，延伸、增强与发展人格信用及契约信用已成为时代的大趋势——基于算法信用的社会信用建设工作正在快速推进中。

二、价值发现：区块链在社会信用建设中的作用

由于受到区块链技术的驱动和现代社会需求的拉动，以区块链技术为基础的算法信用开始演变为社会信用的基本形态，并突显出其助力社会信用在场和降低社会信用风险与成本等重要价值，对于持续推动社会信用的创新建设具有重要意义。

（一）区块链技术助力社会信用在场

社会信用在场，是相对于传统的社会信用缺乏技术追踪而言的。算法信用体系是以区块链技术为基础的新体系，其优势在于整个信用体系的运行与发展自带一套技术追踪代码和监控机制，不仅能够保证已有的承诺不被篡改和删除，而且能对信用体系的参与者起到警示和教育的作用。在此基础上，每当此社会信用体系的参与者失信时，其不仅要承受因该次失信所造成的损失，而且会因此被区块链技术永久地纳入失信黑名单，以此提升整个信用体系的失信惩戒力度。简言之，这种惩戒力度主要源于算法信用以可溯源与永久记录的方式实现了运营、监控和惩戒的统一，在降低失

信追责成本的同时，还加重了相关失信责任主体的失信成本，进而体现了基于区块链技术的算法信用体系的在场特性。它的存在与之前人为追责的信用体系有所不同（这也是它的先进之处），它使人不敢失信，也不能失信——区块链技术真正成为"创造信任的机器"。在真实的社会生活中，无论是政府、企业还是征信机构，无论是网络空间中的参与者还是现实社会中的参与者，只要借助区块链技术所建立的算法信用体系，都能清晰地见证社会信用在场，都能实现对其信息发布、产品展示、交易行为的管控。其伦理和法律后果不仅可以溯源，而且能够究责，尤其是可以确定虚拟空间中的行为与行为主体之间的关系[1]。因此，这种信用体系的在场，因为各种人际动态关系确定而升级为确定性在场，这在很大程度上解决了传统的社会信用高度依赖第三方的问题，有利于突破和超越"信用创造论"的理论传统。担保方作为社会信用创造的第三方，接下来将退出社会信用创造的历史舞台，而区块链技术则转而成为社会信用创造的核心成员。最终的结果是，随着区块链技术在社会信用体系中的根越扎越深，其在场的程度越来越深，社会信用体系也越来越高度统一。

（二）区块链技术降低社会信用风险

在算法信用之前的其他社会信用模式，通常很难摆脱信用风险"内源性"特征的限制，风险存在的非客观性倾向，导致大多数潜在风险并不为交易的另一方所熟知，甚至即便是担保方也很难真正地掌控。在区块链技术嵌入社会信用体系之后，这种传统社会信用模式的风险逐渐被降低。在这个"一切数据化，数据化一切"的时代，每个社会活动的参与者都离不开对自身现存数据的反思与斟酌。因为它们能够清晰地对个人进行"数据画像"，并且这种画像还会被"上链"到区块链的链状数据结构中，从而成为一个人最坚实的信用证明。在算法信用体系中，只要相关社会活动的

---

1 喻佑斌. 论区块链在诚信社会建设中的作用[J]. 自然辩证法研究，2020，36(1):74-80.

参与者的承诺超出了其自身实际所能承诺的范围，其行为就很容易被系统自动捕捉到，这样就可以避免一些承诺带来的交易风险。此外，由于攻击51%的节点才可获得区块链的控制权，成本较高，因此以区块链技术为基础的算法信用体系自身的安全性与可靠性较高，从而降低了信用系统数据泄露、信用数据被篡改等风险——这一点是算法信用体系不同于人格信用体系与契约信用体系的根本所在。

（三）区块链技术降低社会信用成本

区块链技术降低社会信用成本表现在降低或去掉中介和集中平台的管理成本、提高交易效率、降低社会信用的监管成本等方面。基于区块链的算法信用的去中心化的属性表现在社会信用领域就是去信任，而去信任又具体体现为去中介。区块链技术可以在任何交易双方之间架起"点对点"的直接信任机制，人们也称这种信任为"去中心（或去中介）信任""去信任"等[1]，这种"去中介"的方式在很大程度上节约了中介成本。同时，这种算法信用模式本身是以每个用户的使用节点存储数据的，从而使传统的社会信用平台面临被取消的可能，所以如果这种算法信用模式能够快速推进，就可以降低甚至消除集中式的信用管理平台的运营成本。此外，传统的社会信用体系在确认交易的信用合法性时，需要众多组织和大量人员参与，耗费数日甚至数周时间进行文件记录及对照检查。在应用区块链技术之后，交易可自动完成认证[2]。因此，基于区块链技术的算法信用模式缩短了信用验证的流程，极大程度地提高了社会信用的运营效率和质量，间接地降低了社会信用的成本。最终由于区块链技术的赋能，整个社会信用的运营成本会逐渐降低，甚至趋近于零成本。

---

1 梅晓丽. 论区块链技术的价值取向[J]. 自然辩证法研究，2020，36(4)：44-50.
2 野口悠纪雄. 区块链革命：分布式自律型社会出现[M]. 韩鸽，译. 北京：东方出版社，2018：13-14.

三、耦合策略：区块链与社会信用建设

将区块链与社会信用建设进行耦合，实质上是致力于构建一个以区块链为底层支撑技术的新型社会信用体系。该信用体系通常能够通过应用高效能的算法模型，将现有的社会成员广泛地连接，实现每个成员的行为直接与其自身的价值实现方式挂钩，以重塑智能时代的社会信用模式。

（一）政策推动，出台标准

政府出台政策，引领区块链与社会信用建设的标准化。政府应该围绕以区块链技术为核心的社会信用体系建设进行战略定位，并专门针对算法信用的总领域及各个细分领域进行政策推动，以政策激励的方式鼓励传统信用模式与算法信用模式进行有效衔接。政策导向需要注重两方面的因素：一是传统社会信用模式与算法信用模式的衔接问题，两者之间的融合应该是一个循序渐进的过程，而不是立即取缔或立即否定传统社会信用模式；二是在激励算法信用模式主动继承传统社会信用模式长处的同时，积极发展算法信用模式的新优势，力争促进其为新的社会信用体系的整体建构贡献先进策略。除了以政策的方式推动两者的融合，还应该以政策的方式促进基于区块链技术的社会信用的标准化发展。相关标准的出台应该涵盖基础应用、适用范围、操作程序、安全标准等领域，具体而言，不仅要做到对社会信用体系参与者的个人信息采集的标准化，更要做到惩戒机制的公平、公正与公开。

（二）需求导向，创新应用

区块链与社会信用建设的耦合，关键的生命力在于创新。需求即痛点，传统社会信用体系现存很多缺陷和漏洞，加之现代社会对于新的社会信用体系的需求度已经大大提升，这就要求我们必须以需求为导向，不断创新应用以区块链为基础的社会信用体系，不断提升算法信用体系的现实价值与生命力。唐塔普斯科特曾指出，区块链技术能够提供"点对点"的解决方案，加强隐私与安全，并且做到更透明、更包容和更具创新性[1]。这里创新性，其实就是指将区块链技术创新应用于社会各领域，并在此过程中为传统的秩序添加新的平衡元素。因此，首先，应积极关注现有社会信用体系的痛点，找准当下的现实需求，以便在创新应用的过程中对症下药；其次，应不断地总结区块链与社会信用建设进行耦合的实践经验，为进一步促进两者的耦合提供经验借鉴；最后，要大胆创新，不断推动区块链技术与现有社会信用体系的耦合，在创新应用的过程中延伸和增强算法信用的泛化能力与耦合能力。只有如此，才能为相应的社会信用难题提供更为具体的"点对点"解决方案，更大程度地提升现代社会信用体系的监督能力和归责能力。

（三）制度引导，确保秩序

在推进区块链与社会信用建设耦合的过程中，要制定相应的制度进行引导，以确保建设工作有序进行。欲创新现存的社会信用体系，自然就会

---

1 唐塔普斯科特，亚历克斯·塔普斯科特. 区块链革命：比特币底层技术如何改变货币、商业和世界 [M]. 凯尔，孙铭，周沁园，译. 北京：中信出版社，2016：113-114.

涉及区块链技术应用所覆盖的全部领域，因为只有在以区块链为基础的社会信用体系的支撑下，它本身的应用才能更有效地实现。从这个维度来看，不难发现，借助于区块链技术创新现存社会信用体系是一项系统工程。因此，在推进区块链与社会信用建设耦合的过程中，必须辅以制度引导，以保证顺利建设算法信用体系。首先，需要建立新型社会信用体系的组织保障机制，包括组织领导体系、协调机制、社会参与和协作机制等，充分发挥政府、社会、企业、个人的协同作用，以更好地调动各参与方的积极性与主动性；其次，需要建立执行监管机制，以确保两者在耦合过程中的执行进度和规范操作程度，实现两者的高质量与高效率耦合；最后，需要建立创新激励机制，将区块链技术应用于社会信用建设领域，本身就是一项创新工作，会遇到各种困难与挑战，所以通过建立创新激励机制，激励为该创新工作做出重要贡献的单位和个人，能够更加快速地促进区块链技术在社会信用领域的创新应用。因此，要顺利实现区块链与社会信用建设的耦合，以及实现对现存社会信用建设的创新，就要加紧对相关制度层面的审视与研究，力争做到制度先行，引导社会信用创新建设工作的顺利进行。

（四）法律规范，禁止滥用

推进区块链与社会信用建设的耦合，在法律规范方面应该解决好以下三个问题。一是如何将区块链技术与法律进行耦合的问题。区块链技术作为一项新兴技术，在其发展和应用过程中会出现现行法律不适用的情况。因此，需要预先处理好区块链与现行法律的关系，尤其是关注区块链的底层算法逻辑是否有悖于现行法律。区块链的底层算法本身具有价值，但并不具有特定的价值倾向性，是中立的。它在服务于人类的需求时，容易受到外在牵引力的牵引，使某些带有偏见与歧视的算法混进算法体系中，因此我们必须处理好区块链的底层算法逻辑与现行法律的关系。

二是融入区块链技术的新型社会信用体系的法律调适问题。现存的既定法律体系已经与现存的社会信用体系融为一体，如果要将区块链技术嵌入现存的社会信用体系，对其创新，必然就会对现存法律的适用边界提出新的要求。换言之，欲对现行的社会信用体系进行创新建设，在引入区块链技术的同时，需要做好两项工作：一方面，是思考如何将区块链技术的价值转移到社会信用体系中；另一方面，则是思考调适法律或调适创新之后的社会信用体系，实现两者的有机融合。只有如此，才能最大程度地发挥创新之后的社会信用体系的现实价值。

三是禁止将区块链技术滥用到非法征信领域的问题。对于将区块链技术运用于非法征信领域，尤其是对于一些非法单位采用非法手段采集个人的信用数据，或者是在块数据形成前对信用数据进行伪造的行为，必须予以严格的监管和精准的打击。我们要采取法律手段，并辅以技术手段，加速个人信用数据的"上链"速度，将不法分子采集与篡改数据的危害程度降到最低。

反侵权盗版声明

电子工业出版社依法对本作品享有专有出版权。任何未经权利人书面许可，复制、销售或通过信息网络传播本作品的行为；歪曲、篡改、剽窃本作品的行为，均违反《中华人民共和国著作权法》，其行为人应承担相应的民事责任和行政责任，构成犯罪的，将被依法追究刑事责任。

为了维护市场秩序，保护权利人的合法权益，我社将依法查处和打击侵权盗版的单位和个人。欢迎社会各界人士积极举报侵权盗版行为，本社将奖励举报有功人员，并保证举报人的信息不被泄露。

举报电话：（010）88254396；（010）88258888

传　　真：（010）88254397

E-mail：　dbqq@phei.com.cn

通信地址：北京市万寿路 173 信箱
　　　　　电子工业出版社总编办公室

邮　　编：100036